Ruth Winkelmann:
Plötzlich hieß ich Sara

AF203022

Ruth Winkelmann:
Plötzlich hieß ich Sara

Erinnerungen einer jüdischen Berlinerin
1933–1945

Herausgegeben vom Museum Reinickendorf

Idee: Dr. Cornelia Gerner

Geschrieben und zusammengestellt
von Claudia Johanna Bauer

Jaron Verlag

Originalausgabe
5. Auflage 2025
© 2011–2025 Jaron Verlag GmbH, Berlin
Jaron Verlag GmbH, Erdmannstr. 6, 10827 Berlin
info@jaron-verlag.de, www.jaron-verlag.de
Umschlaggestaltung: LVD GmbH, Berlin,
unter Verwendung von Fotos aus Privatbesitz
Satz: Pinkuin Satz und Datentechnik, Berlin
Druck und Bindung: CPI books GmbH, Leck

ISBN 978-3-89773-664-1

Grußwort

Die Geschichte des Nationalsozialismus im Bezirk Reinicken-dorf aufzuarbeiten ist einer der Schwerpunkte in der Arbeit des Museums Reinickendorf. Teil dieser Auseinandersetzung ist die Arbeit mit Zeitzeuginnen und Zeitzeugen. 2011 hat das Museum gemeinsam mit der Volkshochschule in Kooperation mit dem Jaron Verlag die Lebensgeschichte von Ruth Winkelmann in einem Buch veröffentlicht. Ruth Winkelmann überlebte als jüdisches Mädchen die Verfolgung durch die Nationalsozialisten in einem Schrebergarten in Reinickendorf.

Es freut mich, dass dieses Buch, das ein so wichtiges Thema zum Inhalt hat, große Resonanz bei der Leserschaft gefunden hat und nun eine vierte Auflage erfährt. Gleichzeitig setzt das Museum damit ein Zeichen, dass die Auseinandersetzung mit der Geschichte, insbesondere mit der Zeit des Natio-nalsozialismus, auch und gerade für uns heute von beson-derer Bedeutung ist. In Reinickendorf wurden seit 2010 zunächst der Historische Ort Krumpuhler Weg, ein ehe-maliges Zwangsarbeiterlager, und 2013 der Gedenkort Eichborndamm 238, die ehemalige Städtische Nervenklinik für Kinder, eingerichtet. Mit dem Alten Anstaltsfriedhof ist auf dem Gelände der ehemaligen Karl-Bonhoeffer-Nerven-klinik ein weiterer Ort des Erinnerns entstanden. An all diesen Orten findet eine lebendige Geschichtsarbeit mit Führungen und Projekten für Schülerinnen und Schüler statt. Mit der Neuauflage dieses Buches von Ruth Winkelmann wird das Einzelschicksal einer Reinickendorfer Mitbürgerin erzählt, das beispielhaft für viele Menschen ist.

Harald Muschner
Bezirksstadtrat für Bildung, Sport,
Kultur und Facility Management

Wie dieses Buch entstand

Die erste Begegnung mit Ruth Winkelmann fand im Mai 2005 statt. Im Museum Reinickendorf wurde die Ausstellung »Berliner Schnitzel« eröffnet, an der sich eine Vielzahl von Zeitzeugen beteiligt hatte. Die Ausstellung und das gleichnamige Buch zeigten das Alltagsleben im national-sozialistischen Berlin.

Die kleine dunkelhaarige Frau fiel auf, und man kam ins Gespräch. Sie sprach mit tiefer Stimme, strahlte großen Ernst aus. Und sie trug einen goldenen Davidstern am Halskettchen.

Auch sie habe damals in Reinickendorf gelebt, erzählte sie. Allerdings halb illegal in einer Laubenkolonie. Sie sei dort nicht gemeldet gewesen, da man sich in diesen kritischen Zeiten vor der Deportation habe schützen müssen.

Im Verlauf der Unterhaltung wurde rasch klar, dass hier ein tragisches Schicksal stellvertretend für viele andere stand. Was Ruth Winkelmann über diesen wohl gefährlichsten Abschnitt ihres Lebens zu berichten hatte, durfte nicht in Vergessenheit geraten. Sie selbst hatte Jahrzehnte gebraucht, um ihre Erlebnisse während der NS-Zeit zu verarbeiten. Erst im Alter fand sie die Kraft, sich anderen darüber mitzuteilen.

Im August 2005 stellte sie sich anlässlich der Langen Nacht der Museen einem Publikumsgespräch im Museum. Sie erzählte, was sie erlebt hatte, und beantwortete die vielen Fragen. Daraus entstand der Gedanke, das Erlebte einmal in aller Ausführlichkeit aufzuzeichnen und in schriftlicher Form festzuhalten.

Diese Idee fand ihre Umsetzung in Form von acht intensiven »Garten-Gesprächen« zwischen Ruth Winkelmann und der Autorin Claudia Johanna Bauer. Das umfangreiche Protokoll dieser Begegnungen bildete die Grundlage des vorliegenden Textes, kurze Ausschnitte daraus sind den Kapiteln in kursiver Schrift vorangestellt.

Claudia Johanna Bauer, die im Museum Reinickendorf die

Zeitzeugengespräche führt und die »Erinnerungswerkstatt« leitet, sei an dieser Stelle ganz herzlich für ihr Engagement gedankt.

Dr. Cornelia Gerner

Vorwort zur 4. Auflage 2024 – eigentlich ein Nachwort

Ruth Winkelmann hat stellvertretend für die Vielen, die den Nationalsozialismus erlebt haben, ihre Geschichte erzählt. Aus ihr spricht ein zutiefst empfundener Humanismus als einzige Antwort auf namenlosen Hass, ganz im Sinne Margot Friedländers, die an nachfolgende Generationen, zuletzt tief enttäuscht, appellierte: „Wir sind alle gleich – es gibt kein christliches, muslimisches, jüdisches Blut. Es gibt nur menschliches Blut. Ihr habt alle dasselbe. (...) Seid doch Menschen!"

Es ist nicht zuletzt der immer wiederkehrenden, beklemmenden Aktualität des Antisemitismus zuzuschreiben, dass in kurzer Folge eine weitere Auflage des vorliegenden Buchs erscheint. Dieses grausame, rational nicht fassbare Menschheitsthema scheint, anders als gehofft und vielfach in Deutschland beschworen, keineswegs eingehegt. Noch können wir die Zeitzeugen mit ihren Erinnerungen selbst hören, die Dringlichkeit ihrer Stimmen persönlich vernehmen, bevor sie altersbedingt verstummen.

Seit dieses Buch erschienen ist, hat Ruth Winkelmann ungezählte Male daraus gelesen, Gespräche mit Kindern und Erwachsenen geführt, über hundert Schülerbriefe bekommen und 2022 sogar das Bundesverdienstkreuz erhalten.

Das große Interesse und die Anteilnahme an ihrer Geschichte gaben ihr den Mut, schließlich auch die eine Reise anzutreten, vor der sie sich immer gefürchtet hatte: nach Auschwitz. »Ich hatte Angst, nervlich zusammenzubrechen«, sagt sie. »Aber das war dann nicht so.« In Auschwitz erfuhr sie, dass ihr Vater nicht, wie zuvor angenommen, im Juli 1943 zu Tode gekommen war, sondern erst im Januar 1944. »Ich wollte dort etwas machen, für ihn und für mich, eine Art Andacht«, sagt sie. »Und wenn Sie mich jetzt fragen, was unbedingt in dieses Nachwort hineinsollte, dann bitte die Worte, die ich dort für ihn gesprochen habe.« Die Worte, die ihr halfen, einen inneren Frieden mit der Vergangenheit zu schließen, waren: »Mein geliebter Vati, ich denke oft an die schöne Zeit, die du mir als Kind mit viel Geduld und Liebe geschenkt hast. Und ich verbeuge mich vor deinem Opfer, das du für uns gebracht hast. Leider hat unsere Eddi nicht überlebt. Aber du, mein Vati, und auch Mutti, ihr habt mir durch eure Liebe die Kraft gegeben, die schwere Zeit zu überstehen. Danke. Danke.«

Claudia Johanna Bauer, Autorin

Sabine Ziegenrücker, Leiterin Fachbereich
Kunst und Geschichte Reinickendorf

21. April 1945

Wenn alle über die Russen geschimpft haben, dann hab ich immer gesagt: »Kinder, es gibt unter den Russen genauso unterschiedliche Menschen, wie's bei uns unterschiedliche Menschen gibt. Man kann nicht das ganze Volk verantwortlich machen für seine Regierung. Man kann ja auch nicht ganz Deutschland verantwortlich machen für so einen schwachsinnigen Adolf Hitler.«

Die ganze Nacht Dauerbeschuss. Ich hab mich mit Mutti ganz hinten ins Eckchen verkrochen, erste Etage, unser Stammplatz. Sie hat auf einer alten Munitionskiste gehockt, ich diesmal auf dem Verbandskasten. Im Bunker natürlich immer ohne Stern. Der Aufenthalt ist für Juden verboten. Aber der Splittergraben hinter unserer Laube hält einfach nichts aus. Den hat Leo Lindenberg mit dem Spaten ausgehoben, mit Balken abgestützt, ein bisschen Sand drübergestreut. Wenn da eine Bombe drauffällt ... Ich will gar nicht darüber nachdenken. Zum Überleben müssen wir in den Hochbunker. Hier in der Wittenauer Straße haben sie auch noch nie kontrolliert. Zumindest nicht, wenn wir da waren.
Na, und jetzt ja sowieso nicht mehr.
»Der Iwan steht schon in Lübars«, hat einer der Volkssturmmänner geflüstert. »Dauert nicht mehr lange, dann sind sie am Reichstag. Und denn is aus mit'm Krieg.«
Laut darf man so was noch nicht sagen.
An Schlaf war diese Nacht nicht zu denken. Morgens hatten wir Hunger. Inzwischen kein Beschuss mehr, sondern Friedhofsruhe draußen. Viel Getuschel im Bunker.
»Ich hol uns was zu essen aus der Laube«, hab ich zu Mutti gesagt. Es ist ja nicht weit, und ich kann schneller rennen als sie. Auf dem Herd standen noch rote Rüben, angedickt mit Hafermehl. Das schmeckte nicht besonders, würde uns aber

den Magen füllen. Ich hab zwei Henkelmänner vollgemacht. Damit bin ich schnell wieder los.

Die Straße liegt da wie ausgestorben. Aber das Schießen hat wieder angefangen, diesmal keine Stalinorgeln, sondern kleinere Geschütze. Die Geräusche sind mir vertraut. Dazu nähert sich tiefes Motorbrummen. Ich kneife die Augen zusammen. Tatsächlich! Da kommen russische Panzer! Nicht gut. Ich muss ihnen entgegen, wenn ich in den Bunker will. Gar nicht gut! Ich klemme die Essnäpfe unter die Arme. Renne wie ein Hase. Sehe eine deutsche Uniform vor der geöffneten Stahltür, eine winkende Hand. Renne, renne, renne. Hier sind deutsche Soldaten versteckt und verschanzt, die uns verteidigen. Auch mich, ohne Stern. Vor mir rennt eine Frau, neben ihr ein Junge. Die Panzer werden immer lauter, immer größer. Die Hand aus dem Bunker winkt jetzt noch dringlicher. Sie wollen die Stahltür schließen. Ich werde es nicht schaffen über den Platz! Das Dröhnen wird ohrenbetäubend. Dann plötzlich ein Rattern. Sie schießen auf mich! Da reißt mich jemand zurück. Die Essnäpfe fest unterm Arm, werde ich in ein Erdloch geschleudert. Der Soldat wirft sich über mich. »Runter!«, zischt er, drückt mein Gesicht auf ein welkes Grasbüschel, das in die Grube gerutscht ist. »Nicht bewegen!« Dicht neben meinem Ohr geht sein keuchender Atem. Über uns ein Dröhnen und Kreischen, ein Röhren und Malmen. Der Panzer tanzt. Er dreht sich und wiegt sich, zig Tonnen schwer, immer auf derselben Stelle. Genau dort, wo das andere Loch ist. Dort, wo der andere Soldat liegt, der die Frau mit dem Jungen an sich gerissen hat. Ich hab es beobachtet, als ich selbst schon in die Grube flog. Ich weiß, was da gerade passiert.

Jetzt hört das Malmen auf. Der Panzer rührt sich nicht mehr, obwohl der Motor immer noch dröhnt. Mein Beschützer lässt mich nicht los.

»Ganz ruhig«, sagt er direkt in mein Ohr. »Bloß nicht bewegen!«

Ich könnte gar nicht, selbst wenn ich wollte. Allenfalls schreien. Aber ich bin nicht lebensmüde. Der Motor teilt in schnellem Rhythmus die Sekunden, dreiundzwanzig, vierundzwanzig. Jede Silbe ein Schlag. Mein Atem steht. Im Kopf ballt sich die Angst. Fünfundzwanzig, sechsundzwanzig. Plötzlich erneutes Kreischen. Das Dröhnen schwillt an. Und er fährt weiter. Entfernt sich von uns. Verliert uns aus dem Blickfeld.

»Jetzt aber los!« Der Soldat stellt mich auf die Füße, schiebt mich an. »Mach, dass du in den Bunker kommst!«

Ich renne wieder. Fliehe vorbei an der Frau mit dem Jungen und an dem Soldaten, alle drei sind tot. Sind zermalmt. Ich presse die Essnäpfe vor meine Brust. Sehe Mutti an der Bunkertür. Stolpere noch im letzten Augenblick und werde hineingezogen in den dunklen Gang, den Schutz aus meterdickem Beton. Habe ein weiteres Mal überlebt.

Hinter uns wird die Stahltür zugemacht.

»Mensch, Ruthchen, und ich dachte schon ...« Mutti streicht mir über die Haare, die Wangen, nimmt mich in den Arm.

Wir essen unsere Rüben. Mutti hockt auf der Munitionskiste, ich auf dem Verbandskasten. Wir warten. Die Stimmung im Bunker ist schlecht. Das Getuschel wird schlimmer. Sie sind Barbaren, diese Russen! Sie rauben, morden, brandschatzen! Vergewaltigen deutsche Frauen! Es ist alles nur noch eine Frage der Zeit.

Wir sitzen da und warten.

»Ich halt das nicht aus«, sagt Mutti, »ich geh zurück in die Laube.«

»Aber da sind wir nicht sicher ...«

»Das ist mir egal, Ruth!« Sie steht auf, streicht sich den Rock glatt. »Lass uns gehen!«

Ich spüre die Blicke, die uns folgen. Sehe reglose Frauen dicht an dicht auf den Bänken sitzen, etliche mit Kindern auf dem Schoß. Fahle Gesichter. Verweinte Augen.

Gerade als wir ins Freie treten, kommen die ersten russischen Fußsoldaten. Noch sind sie weit genug entfernt. Es ist nur ein kurzer Blickkontakt, dann laufen wir, Mutti und ich. Über das Kraterfeld, die Straße entlang.

»Die wollen in den Bunker«, ruft sie. »Gut, dass wir da weg sind!«

»Aber hier sind wir auch nicht sicher. Nicht, dass die auf uns schießen!«

»Wir gehen zum Lager!«, ruft Mutti. »Hast du deinen Ausweis? Vielleicht helfen uns die Fremdarbeiterinnen ...«

Vor dem Gelände stehen keine Wachposten mehr. Das große

Tor klafft auf, hängt an einer Seite schief, als wäre der Flügel aus den Angeln gerissen. Keine deutsche Uniform weit und breit. Wir treffen nur polnische Fremdarbeiterinnen, die noch immer das aufgenähte Kennzeichen auf der Bluse tragen, das die Nazis ihnen verordnet haben, ein auf der Spitze stehendes Quadrat mit einem großen P, violette Linien auf gelbem Grund.

»Bitte ...« Ich halte eine der Frauen am Ärmel fest. Sie legt den Kopf schief, mustert mich misstrauisch. »Wir wohnen da drüben.« Ich deute auf die Laube gleich hinter dem Stacheldrahtzaun und dem schmalen Weg. »Bei Leo Lindenberg.«

»Leo Lindenberg?« Neugierige blaue Augen folgen meinem Finger. Dann hellt sich die Miene auf. »Ah, Leo!«, sagt die Frau, streicht sich das blonde Haar aus der Stirn und lächelt. »Natürlich! Wir kennen Leo.«

Was auch immer das bedeuten mag.

Meine Hand fährt in die Tasche, holt den gelben Stern hervor und die Kennkarte, die ich so hasse. *Ruth Sara Jacks* steht da. »Das bin ich.«

»Oh ...«, sagt die blonde Frau.

»Bitte, könnten Sie etwas für mich aufschreiben? Auf Russisch, wenn's geht. Oder zur Not auch auf Polnisch ...«

Inzwischen hängt der verhasste gelbe Stern vorn am Gartentor. Die blonde Polin hat ihn dort angenagelt, und darunter einen handgeschriebener Zettel, den ich nicht lesen kann. Aber die Russen können. Und die Deutschen sehen den Stern. Das genügt hoffentlich. Stern und Text hängen am Pfosten wie eine Visitenkarte. Es ist ein merkwürdiges Gefühl. Jetzt wissen es alle. Jeder, der vorbeigeht, zieht seine Schlüsse. Das Versteckspiel ist zu Ende. Ich muss nicht mehr lügen, keine Legenden mehr erfinden. Ich bin wieder ich.

Stehe am Fenster unserer Laube, aber seitlich und so versteckt hinter der Gardine, dass die beiden russischen Soldaten nicht mal einen Schemen von mir erahnen können. Der eine liest, während der andere den Blick schweifen lässt. Auf die Nachbarlaube, das Fremdarbeiterlager und den Sandweg, auf dem seit heute morgen ein toter Schäferhund liegt. Jetzt streckt der eine Russe die Hand aus, streicht mit dem Rücken des Zeigefingers über den Stern, furcht die Stirn. Hat plötzlich

Trauer im Blick. Und Nachdenklichkeit. Jetzt hebt er den Kopf, kneift die Augen zusammen – und blickt mir direkt ins Gesicht. Der Schreck lässt mich zusammenzucken. Nein, nein, er kann mich nicht sehen. Er sieht nur das Fenster und die Gardine.

Sie reden miteinander, die beiden Soldaten. Der eine hebt die Hand. Es kommt mir vor wie ein Abschiedsgruß. Dann gehen sie weiter. Wachsam. Angespannt. Mit schussbereiten Waffen. Mich lassen sie in Ruhe.

1

Ich möchte mal sagen, der deutsche ... also der geradezu preu-
ßische Teil meiner Familie, das war die väterliche Seite. Mein
Großvater Georg Jacks, das war ein Preuße, wie er im Buche
steht. Der war für Deutschland in den Krieg gezogen. Der war
so deutsch, wie man sich das überhaupt nur vorstellen kann.
Dagegen mütterlicherseits ... das war was ganz anderes. Das
waren ja Hugenotten gewesen. Da war ein ganz anderer Hin-
tergrund. Die waren nun zwar nicht jüdisch. Aber so deutsch
wie mein Großvater waren sie lange nicht.

Meine Großmutter Ernestine war der Kern der Familie Jacks.
Mein Großvater Georg war das Ausstellungsstück. Sie maß
nur einen Meter neunundvierzig, er war ein großer Mann von
zwei Meter zwei. Aber die beiden harmonierten prächtig miteinander.

Vor dem Ersten Weltkrieg, als es noch »chic« war, das Muster
der Tapeten mit dem der Sitzmöbel abzustimmen, arbeitete
mein Großvater als Tapezierer und Dekorateur. Großmutter
unterstützte ihn tatkräftig mit ihrer geliehenen Singer-Näh-
maschine. Nebenbei zogen sie gemeinsam ihre acht Kinder
auf.

Im Juli 1914 brach der Krieg aus. Mein Großvater wurde
Soldat und dann Opfer eines Gasangriffs. Als er heimkehrte, war er blind und konnte seinen Beruf nicht mehr aus-
üben. Außerdem war er als Blinder nicht zeichnungsfähig.
Also wurde der neue Familienbetrieb auf den Namen meiner
Großmutter angemeldet. Es war ein Abrissunternehmen mit
angegliedertem Schrotthandel. Der Betrieb hatte seinen Sitz
im Zentrum Berlins, in der Rossstraße auf der Fischerinsel.
Ernestine Jacks. – so stand es, umrankt von Jugendstilor-
namenten, auf dem großen Schild über dem Eingang des Be-
triebsgeländes. Der Punkt hinter dem Namen wirkte wie ein

Das Abrissunternehmen meiner Großmutter Ernestine Jacks.
Links Gerhard Teichmann, der beste Freund meines Vaters; in der
Mitte mein Vater Hermann Jacks; rechts mein Onkel Adolf Jacks

Symbol für Stärke und Durchsetzungsvermögen. Hier führte
eine Frau das Regiment in einer männlichen Domäne. Und
das mit großem Erfolg.
Die Geschäftsidee traf genau den Nerv der zwanziger Jahre.
In der Metropole Berlin mit ihren vier Millionen Einwoh-
nern brodelte das Leben. Man glaubte an die »modernen
Zeiten«, an eine zunehmende Automatisierung der Produk-
tionsabläufe, an Fließbandarbeit und Massenfertigung. Ganze Fabriken alten Stils wurden kompromisslos diesem neuen
Zeitgeist geopfert. Für das Abrissunternehmen Jacks war das
eine Goldgrube. Das Geschäft blühte. Meine Großmutter
sandte Arbeiterkolonnen zur Demontage aus, darunter in
führender Position ihre eigenen Söhne. Die Firma Jacks war
ein Familienunternehmen im wahrsten Sinne des Wortes.
Aber verschrottet wurde nur, was wirklich nicht mehr zu
gebrauchen war. Den Rest ließ Großmutter aufarbeiten.
Das Warenangebot in den Betriebshallen an der Rossstraße
reichte von Pumpen, Werkzeugmaschinen, Schraubstöcken,
Feldschmiede-Ambossen, Rohren und Blechen bis hin zu
U-Eisen und T-Trägern. *Billigste Bezugsquelle* las man auf
den übermannshohen hölzernen Spundwänden, die das
Firmengelände einzäunten. Denn so modern die Zeiten auch

sein mochten, es gab doch viel Not und Armut in der Stadt. Ursache war die wirtschaftliche und politische Instabilität der blutjungen Weimarer Republik. Bis 1923 stieg die Inflationsrate ins Unermessliche. Sie entwertete die Ersparnisse und trieb die Menschen in den Ruin. Das preisgünstige Warenangebot bei »Ernestine Jacks.« wurde rege genutzt. Das Schrotthandelsunternehmen gehörte bald zu den renommiertesten der Stadt.

Meine Großmutter war eine geborene Geschäftsfrau. Sie handelte besonnen und zielstrebig. Manchmal auch wagemutig, aber immer mit Verstand. Erst wenn Großmutter einen Aktionsplan für hieb- und stichfest hielt, wurde er durchgeführt. Mit eisernem Willen. Bis zur Vollendung. Was Großmutter anpackte, das klappte. Darauf war Verlass.

Sie hatte den Betrieb in der Rossstraße aufgebaut. Nun wollte sie das Weitere dem Großvater und ihren erwachsenen Söhnen überlassen. Sie träumte von einem Häuschen im Grünen, einem gemütlichen Treffpunkt für die Großfamilie.

1921 kaufte sie in Hohen Neuendorf drei nebeneinanderliegende Grundstücke. Eines war für den Obstgarten bestimmt, eines für den Gemüsegarten und eines für das Haus, das noch gebaut werden sollte. Die Grundstücke lagen an der damaligen Jägerstraße, heute Birkenwerder Straße, in der Nähe des Gaswerks.

Ein Architekt wurde beauftragt. Bald lag Großmutter nicht nur der Entwurf des Hauses, sondern auch ein detaillierter Kostenplan für Material und Arbeitskräfte vor. Es versteht sich von selbst, dass sie als Geschäftsfrau sofort überlegte, wo sich Ausgaben sparen ließen. Tatsächlich war der erste Ansatzpunkt schnell gefunden. Warum sollte sie eine Schar von Arbeitern für das Ausschachten der Baugrube mit Schaufel und Schubkarre bezahlen? Bagger gab es damals noch nicht. Aber Großmutter hatte vier kräftige Söhne, die diese Arbeit erledigen konnten. Mein Onkel Albert, Vatis jüngster Bruder, führte den ersten Spatenstich. Doch der Stahl stieß schon in geringer Tiefe auf eine seltsame, undurchdringliche Masse. Schwarz war sie, nachgiebig in der Konsistenz, und sie glänzte glasig, wenn man mit der Spitzhacke ein Stück herausbrach. »Das ist Teer«, stellte Albert fest.

Nun wurde in die Breite gekratzt, um das Ausmaß des Fundes zu bestimmen.

»Das ganze Grundstück ist eine einzige Teerwanne.«

»Die vom Gaswerk haben hier einfach ihren Überschuss ablaufen lassen«, sagte Großvater.

»Ist ja 'n starkes Stück!«, schimpfte Albert.

»Und so was verkaufen sie uns als Bauland!«, empörte sich Großvater.

Großmutter sagte nichts.

»Jedenfalls können wir unser Haus nicht in den Teer setzen«, sagte Großvater.

»Ende des Bauvorhabens.« Albert seufzte.

»Nun mal nicht so hastig!« Großmutter prüfte die klebrige Substanz zwischen ihren Fingerspitzen. »Teer braucht man doch im Straßenbau. Oder irre ich mich da?«

»Schon«, nickte Albert. »Und auch in der Dachdeckerei.«

»Na also!«, sagte Großmutter. »Dann soll das hier unser Schaden nicht sein.« Es klang zuversichtlich. »Ich werd mich morgen mal ans Telefon setzen …«

Der Verkauf des unerwarteten Teervorkommens erzielte einen Gewinn, der etwa den halben Grundstückspreis einbrachte. Durch den Abbau des Teers entstand die Baugrube für das neue Haus.

Fast alle Mitglieder der Familie Jacks waren Sportler. Mein Großvater ließ sich im Hohen Neuendorfer Garten sogar ein Reck bauen, an dem er regelmäßig trainierte. Seine Spezialität war die »Riesenwelle«. Wenn er turnte, verlor seine Blindheit an Bedeutung. Dann kamen körperliche Fähigkeiten zum Einsatz, die ihm schon vor Jahrzehnten in Fleisch und Blut übergegangen waren.

Auch mein Vati, Hermann Jacks, war ein guter Sportler. Nicht so hochgewachsen wie Großvater, dafür jedoch umso muskulöser. Er war Handballer und Leichtathlet. Und natürlich war er Mitglied im Turnverein. Das gehörte bei den Jacks einfach dazu.

Im Sommer 1925 veranstaltete der Verein einen Badeausflug. Man fuhr mit dem Rad an einen der vielen Brandenburger Seen. Hermann war mit seiner Freundin Lotte unterwegs. Nach dem Schwimmen hat man sich gesonnt und etwas ge-

Meine Großeltern Ernestine und Georg Jacks

gessen. Für die ganz Unermüdlichen gab es Ballspiele und Wurfringe aus Gummi. Die Stimmung war ausgelassen, denn alles musste improvisiert werden.

Natürlich gab es keine Umkleidekabinen. Diverse junge Damen zeigten ihre Wäsche, und Hermann bekam eine ganze Reihe von Unterröcken zu sehen. Das faszinierte ihn. Seitlich hingestreckt lag er im Gras, stützte den Kopf auf den Unterarm und machte sich Gedanken. Wie ungemein aufschlussreich diese Unterröcke doch waren! Der von Lotte zum Beispiel: ein vergrautes, ziemlich zerschlissenes Kleidungsstück. Es erfüllte seinen Zweck, aber schön war es nicht. Und wenn man ganz genau hinschaute, war es an der Naht sogar schon ein bisschen eingerissen. Dagegen der Unterrock von Elly: blütenweiß und frisch gestärkt. Geradezu appetitlich, überlegte Hermann. Eine sehr adrette Verpackung. Da mochte man doch ... O ja, das mochte man! Diese Elly wollte er näher kennenlernen.

An diesem Nachmittag fiel sein Blick nicht mehr oft auf Lotte. Er hing an Elly, der zierlichen, kleinen Frau, deren weißes Sommerkleid jetzt den blütenweißen Unterrock bedeckte. An ihrem blonden Haar, das sie sehr modisch in einem jungenhaften Pagenschnitt trug. An ihrem klaren Blick. Ihre frische Ausstrahlung magnetisierte ihn. Er mochte die Direktheit, mit der sie die Dinge zur Sprache brachte. Er verliebte sich in ihr ausgelassenes Lachen.

Elly war Erzieherin. Ihre Ausbildung hatte sie in der Sozialen Frauenschule von Alice Salomon im Schöneberger Pestalozzi-Fröbel-Haus absolviert. Inzwischen betreute sie die Kinder eines jüdischen Bettwäschefabrikanten. Die Familie Weiß bewohnte eine Zwölf-Zimmer-Etage in einer Seitenstraße des Kurfürstendamms. Elly kam jeden Morgen mit der Straßenbahn aus Pankow. Sie mochte ihre Arbeit, mochte ihre

Meine Eltern Elly und Hermann Jacks

Schützlinge, und deren Eltern mochte sie auch. Sie war rundherum zufrieden mit ihrer Stellung. Aber die Familie Weiß hatte die Angewohnheit, jedes Jahr im Sommer mitsamt dem Personal für einige Wochen an die Ostsee zu reisen. So kam es, dass Elly und Hermann, kaum dass sie sich begegnet waren, gleich wieder Abschied nehmen mussten.

Zeit für ihn, sich von Lotte zu trennen.

Genügend Frist für Elly, sich über ihre Gefühle klar zu werden.

Im Herbst lernten sie sich besser kennen. Und mochten sich immer noch. Kamen sich näher. Auch Elly war verliebt. Von Herzen, mit Schmerzen, über alle Maßen. In sein schelmisches Lächeln. Sein volles dunkles Haar. Seine zupackende Art. Die Beharrlichkeit, mit der er um sie warb, beeindruckte sie. Trotzdem ließen sie sich Zeit. Erst zwei Jahre später waren sie sich einig, dass sie heiraten wollten.

Im Berlin der Weimarer Republik wurden viele Ehen zwischen Juden und Christen geschlossen. Trotz des stetig zunehmenden Antisemitismus in bestimmten Kreisen. 1927 entschied sich rund ein Viertel der heiratswilligen jüdischen Männer für eine Hochzeit außerhalb der eigenen Religion, ebenso sechzehn Prozent der heiratswilligen jüdischen Frauen. Eine solche Entscheidung war längst nichts Besonderes mehr. Auch in Hermanns weitläufiger Verwandtschaft gab es entsprechende Beispiele. Aber meine jüdischen Großeltern vertraten einen konservativen Standpunkt.

»Schuster, bleib bei deinen Leisten«, warnte Großmutter, als Hermann ihr seine Hochzeitspläne offenbarte. »Verbinde dich mit deinesgleichen.«

»Aber das Schicksal hat es nun mal anders gewollt«, protestierte Hermann.

»Von wegen Schicksal!«

»So etwas werden wir nicht unterstützen!«, erklärte auch Großvater. »Das führt zu nichts.«

Hermann seufzte. »Ihr sollt uns nicht unterstützen. Bloß euren Segen hätten wir gern.«

»Damit rechne lieber nicht.« Großmutter verschränkte die Arme vor der Brust.

»Aber warum denn nicht?«, hielt Hermann dagegen. »Was

ist so schlimm daran?« Er fuhr sich mit allen zehn Fingern durchs Haar, hatte Mühe, die Beherrschung nicht zu verlieren. Warum waren die alten Leute bloß so starrsinnig? »Es ist nicht mehr so, wie's früher war! Die Zeiten haben sich geändert!«

Ein Wort ergab das andere. Sie gerieten in Streit. Die Positionen verhärteten sich.

»Diese Hochzeit kommt nicht in Frage, Hermann!« Großmutters Stimme schnitt ihm ins Ohr. »Wenn du dieses Mädchen heiratest, will ich dich nicht mehr sehen! Weder hier in Hohen Neuendorf noch im Betrieb. Dann bist du nicht mehr Teil unserer Familie! Hast du verstanden?«

Jetzt sprang Hermann auf. »Jedes Wort!«, schrie er. »Aber ich lasse mir von euch nicht vorschreiben, mit wem ich den Rest meines Lebens zu verbringen habe!« Er versetzte dem Küchenstuhl einen wütenden Tritt. »Ich heirate Elly – ob es euch gefällt oder nicht!« Und marschierte zur Tür. »Auf eure Almosen bin ich nicht angewiesen!«

»Es ist deine Entscheidung!«, rief Großmutter ihm nach. »Überleg es dir gut!«

»Da gibt es nichts zu überlegen!«, brüllte er.

Danach sprachen sie nicht mehr mit ihm. Auch nicht mehr über ihn, wie ihm Albert berichtete. Als wäre sein Name vergiftet. Er wurde nicht mehr zu den Familienfeiern eingeladen. Und den Geschwistern wurde der Kontakt zu ihm verboten. Die hielten sich nicht daran. Aber alle Vermittlungsversuche zwischen den zerstrittenen Parteien scheiterten.

Das Schlimmste war, dass er seine Arbeit verlor. Wovon sollte er seine Familie ernähren? Das waren keine guten Voraussetzungen für eine Eheschließung.

Inzwischen hatte Elly sich das notwendige Wissen über den jüdischen Glauben angeeignet. Sie konvertierte noch vor der Hochzeit. Es war eine Geste der Versöhnung. Ein Friedensangebot. Aber die Großeltern blieben dafür unempfänglich.

Hermann wurde Taxifahrer. Die modernen »Kraftdroschken« hatten in Berlin die vorher üblichen Pferdedroschken fast vollständig abgelöst. Nun chauffierte der verstoßene Sohn mit dem Automobil Geschäftsleute und Touristen durch die breiten Boulevards.

Und Elly wurde schwanger. Das erfuhren auch die Großeltern. Meine Geburt im September 1928 versöhnte die zerstrittenen Parteien. Zu dritt wurden wir wieder in den Schoß
der Familie aufgenommen.

2

Also, ich möchte sagen, wir waren … schon religiös, aber nicht orthodox. Bei uns wurde auch milchig und fleischig nicht unterschieden. Wir hatten ein Besteck und ein Geschirr für beides. Also orthodox überhaupt nicht. Aber es wurde jeder Freitagabend gehalten. Da wurden die Lichter angemacht. Da wurde ein Rotwein getrunken … von meinen Eltern … und es wurde ein Barches gebacken. Den hat mein Vati am Freitagabend mit einem Gebet gebrochen. Und die Kinder bekamen statt Wein immer Kirschsaft.

Die großen Geburtstagsfeiern habe ich noch vor Augen. In unserem Wohnzimmer drängten sich die vielen Gratulanten. Sie saßen auf dem Sofa wie die Heringe. Sämtliche Stühle, Hocker und Sessel waren belagert. Sogar unser Bügelbrett, auf zwei Kisten gelegt, diente den Kaffeetrinkern und Kuchenessern als Sitzbank. Die Familie war riesig. Immerhin hatte Vati sieben Geschwister. Vier davon waren verheiratet, zwei hatten bereits eigene Kinder. Hinzu kamen die Großeltern. Und das war nur die unmittelbare Verwandtschaft. Es gab ja auch noch entferntere Onkel und Tanten, Cousins und Cousinen, die wiederum Ehegatten, Kinder und Kindeskinder mitbrachten. Mindestens fünfundzwanzig Gäste musste unser Wohnzimmer aufnehmen, oft sogar mehr.
Mutti hatte sich erst an dieses Familiengetümmel gewöhnen müssen. Auch sie hatte vier Geschwister. Aber in meiner evangelischen Familienhälfte blieb man lieber für sich. Die großen Zusammenkünfte fanden hier nur zu den wirklich großen Anlässen statt, zu Hochzeiten und Beerdigungen und natürlich zu Weihnachten.
In meiner jüdischen Familie machten die Geburtstagsfeiern die Runde. Immer ging es laut und fröhlich dabei zu. Es gab jede Menge Kinder, die zwischen den Beinen der Großen

herumflitzten. Und jede Menge Spaß. Der jüdische Teil meiner Familie war immer miteinander in Kontakt, der Zusammenhalt war eng.

Bei meinen Großeltern fanden die Feste auf der Veranda statt. An der großen Tafel war genügend Platz für alle. Auch Tante Frieda, die gelähmt war und im Rollstuhl saß, konnte ohne Schwierigkeiten mitfeiern. Zuerst gab es Essen. Dann nahm Großvater mich beiseite.

»Na, Ruthchen, woll'n wir uns mal die Beine vertreten?«
Er fragte, ich nickte, wir gingen los. Kein langes Gerede.
Er streckte die Hand aus. »Es geht sich doch besser zu zweit, was?«

Winzig lag meine Hand in seiner Turnerpranke. Ich machte Riesensätze neben ihm. Großvater trippelte bloß, damit ich auch Schritt halten konnte. Trotz seiner Blindheit kannte er den Obstgarten wie seine Westentasche.

Das Spazieren kam seiner Verdauung zugute. Er hatte Probleme mit den Zähnen, deshalb bekam er sein Essen von Großmutter vorgemanscht, das Fleisch in mundgerechte Happen geschnitten. Trotzdem puffte und knatterte er beim Gehen. Der eigentliche Zweck des Spazierens war die Entlüftung, das wussten wir beide. Wir wussten aber auch, dass sich das Knattern in Gesellschaft nicht gehörte.

»Mensch, da bin ich doch wieder auf 'n Kirschkern getreten!«, sagte Großvater.

Es war ein Spiel zwischen uns, das beiden Spaß machte. Ich guckte links und guckte rechts und sagte: »Aber Opa, hier ist überhaupt kein Kirschbaum!«

»Ach ja?« Große Verwunderung. »Also für mich sind das Kirschkerne, die da knacken.« Er strich sich über den Schnurrbart und schmunzelte.

»Aber hier sind bloß Apfelbäume!« Ich stampfte mit dem Fuß auf – und musste lachen.

»Müssen aber doch Kirschbäume sein«, protestierte er, »wär'n ja sonst keine Kirschkerne auf'm Boden.« Es knatterte schon wieder. »Hörst du!« Er hob den Zeigefinger. »Kirschkerne! Bin schon wieder draufgetreten.« Jetzt lachte er auch. Wir lachten beide. Das war unser Ritual. Jahrelang. Das Spazieren, die Kirschkerne und das Lachen.

Hintere Reihe v. l. n. r.: Elly Jacks; Charlotte Jacks; Dagobert Jacks;
Adolf Jacks; davor Edith Jacks; Gerhard Teichmann; Frieda Jacks;
Herbert Heimanson; Hertha Barber, geb. Jacks; Hermann Jacks;
Frieda Jacks; Albert Jacks; Alice Jacks
Mittlere Reihe v. l. n. r.: Dame unbekannt; Ernestine Jacks; Georg;
Flora Heimanson; Siegbert Barber; die beiden Kinder darunter:
Marianne Jacks und Ruth Jacks
Untere Reihe v. l. n. r.: Egon Jacks; Ursel Barber; Vera Barber;
Willi Jacks

Ostern erlebte ich jeweils doppelt. Mit meiner jüdischen Familienhälfte feierten wir Pessach, das Fest der ungesäuerten Brote, das an die Befreiung der Israeliten aus Ägypten erinnert. Wir aßen Matze und dazu nur bestimmte passende Speisen.

Bei meiner evangelischen Familienhälfte gab es Karfreitag immer Fisch.

Die doppelte Weihnacht war für mich als kleines Mädchen etwas ganz besonders Tolles. Das jüdische Lichterfest Chanukka lag immer ein bisschen früher als das christliche Weihnachtsfest. Es begann jeweils am 25. Tag des Monats Kislew, also manchmal schon Ende November. An jedem der acht Festtage zündete Vati an unserem Chanukka-Leuchter ein weiteres Licht an. Und ich bekam ein kleines Geschenk.

Das Haus meiner Großeltern in der Jägerstraße in Hohen Neuendorf,
rechts die große Veranda, um 1926.
Personen obere Etage v. l. n. r.: meine Tante Edith mit ihrem Sohn
Egon Jacks; Tante Grete (eigentlich Margarethe); Erdgeschoss: Tante
Flora Heimanson mit meiner Cousine Vera Jacks

Mal etwas Süßes, mal ein Paar Handschuhe, mal ein kleines
Bilderbuch, einen Ball oder ein Prismenfernrohr mit bunten
Glasplättchen. Einiges davon hatten die fürsorglichen Ver-
wandten bei den Eltern für mich abgegeben.
Den christlichen Heiligabend feierten wir bei Onkel Wil-
helm, Muttis älterem Bruder, in Weißensee. In Onkel Wil-
helms Wohnzimmer stand ein prächtig geschmückter Weih-
nachtsbaum. Wir sangen die bekannten Weihnachtslieder.
Es gab noch einmal Geschenke von meinen evangelischen
Verwandten. Und anschließend ein großes Festessen. Der
Dezember war für mich damals der tollste Monat überhaupt.

Ich wusste damals nichts über die antisemitischen Strömun-
gen in Deutschland. Ich wusste nicht, dass die Weltwirt-
schaftskrise nach wenigen halbwegs guten Jahren wieder
große Arbeitslosigkeit und Armut ins Land gebracht hatte.
Dass der gesellschaftspolitische Druck immer größer wurde.
Dass sich in Berlin die Nazis mit den Rotfrontkämpfern
prügelten. Und dass die NSDAP mit der Zeit immer mehr

Auftrieb bekam. Ich war ein Kleinkind, wohlbehütet, vollkommen ahnungslos. Die ganze Hetze hielten meine Eltern von mir fern.

Sie selbst waren keineswegs ahnungslos. Die politische Entwicklung in Deutschland beunruhigte sie so sehr, dass sie sich entschlossen hatten, nach Palästina auszuwandern. Vatis Nichte Ursel war die Erste aus der Familie, die den Schritt bereits gewagt und sich zur Ausreise angemeldet hatte. Sehr zum Missfallen meiner Großmutter. »Wo kämen wir denn hin, wenn wir alle gleich wegrennen würden!«, schimpfte sie, »nur weil's mal nicht so rund läuft in der Heimat, wie's eigentlich sollte.« Sie straffte die Schultern. »Gerade in so

Unser Wohnhaus in der Wörtherstraße in Hohen Neuendorf. Wir wohnten im Dachgeschoss. Personen v. l. n. r.: meine Spielkameraden Helmut und Werner, die in der untersten Etage wohnten, daneben ich

einer Lage muss man doch antreten! Da muss man Farbe bekennen!« Und verschränkte die Arme vor der Brust. »Wer da einfach wegrennt, begeht in meinen Augen Vaterlandsverrat!«

»Ganz meine Meinung«, nickte Großvater.

»Und damit das gleich klar ist«, fuhr Großmutter fort, »für die Auswanderung bekommt ihr von uns keinen Pfennig!«

»So etwas werden wir nicht unterstützen«, sagte Großvater.

Meine Eltern waren nicht vermögend. Ihnen blieb nur die Möglichkeit, einen entsprechenden Antrag bei der Jüdischen Gemeinde zu stellen. Genau wie Ursel. Aber es gab in diesen Tagen sehr viele auswanderungswillige Gemeindemitglieder. Und es wurden immer mehr.

Dann kam der 30. Januar 1933, an dem Hitler Reichskanzler wurde.

Bald darauf reiste Ursel aus. Der Andrang bei der Jüdischen Gemeinde nahm jetzt so sehr zu, dass viele sich kaum noch Hoffnungen machten, auf diesem Wege aus Deutschland herauszukommen. Für Juden, die Geld hatten, war das alles kein Problem. Damit ließ sich die Bearbeitungsfrist für einen Ausreiseantrag verkürzen. Die weniger Begüterten mussten auf ihr Glück hoffen.

Meine Eltern bekamen einen Ausreisetermin. Im Frühjahr sollte es so weit sein. Zeit genug, die Wohnung am Hohen Neuendorfer Alsenplatz zu kündigen, unsere Möbel zu verkaufen und den gesamten Hausrat in Reisegut und Ausschuss aufzuteilen.

Das alles hatten meine Eltern erledigt, als ihr Reisetermin sehr kurzfristig wieder abgesagt wurde. Es gebe da einige Antragsteller, sagte man ihnen zur Begründung, die durch die Nazis an Leib und Leben bedroht seien. Meine Eltern müssten dafür Verständnis haben, dass diese Menschen im Augenblick vorzuziehen seien. Man werde unsere kleine Familie bei einem der nächsten Auswanderertransporte berücksichtigen. Selbstverständlich baldmöglichst.

Meine Eltern zeigten Verständnis, weil ihnen nichts anderes übrigblieb. Aber unsere schöne Wohnung war inzwischen an andere vermietet und würde uns bald nicht mehr zur Verfügung stehen. Wir besaßen kaum noch Möbel. Und vorerst

Mein Vater Hermann Jacks

hatten wir nicht die geringste Perspektive auf eine neue Unterkunft. Es war keine schöne Lage.

Vati suchte fieberhaft nach einer Notlösung.

Schließlich zogen wir in die Wörtherstraße, heute Erdmannstraße. Die Dachgeschosswohnung dort war kleiner als unsere Wohnung am Alsenplatz. Eine große Küche, ein ziemlich kleines Wohnzimmer und dazu ein Schlafzimmer, in das gerade mal drei Betten, ein Kleiderschrank und eine Waschkommode passten. Aber die Wohnung war hell und freundlich. Wir fühlten uns dort wohl. Und meine Großeltern wohnten um die Ecke.

Die Jüdische Gemeinde nannte weitere Ausreisetermine, die immer wieder verschoben wurden. Und verschoben. Und verschoben. Wir blieben in Hohen Neuendorf, zur großen Freude von Großmutter und Großvater.

Julihitze 1934, Ostseestrand. Unser Zelt duckte sich hinter den zweiten Dünenkamm. Sommerfrische hieß bei uns immer Rad fahren und zelten. Damit waren wir mobil und unabhängig. Mutti und Vati stellten keine Ansprüche. Und ich war klein, kroch in ihre Mitte und fühlte mich pudelwohl. Diesmal waren Vatis Freund Gerhard und seine Freundin Marlies mit von der Partie. Ihr Zelt stand neben unserem. Ansonsten zeigte sich hier in Oster-Nothafen weit und breit kein Mensch hinterm Strandhafer.

Tagsüber hatten wir gebadet, Muscheln gesucht und uns gesonnt. Abends wurde gegessen und der Sonne beim Untergehen zugesehen. Inzwischen war es dunkel. Vor den beiden Zelten knisterte ein Feuer, im Hintergrund schwappte das Salzwasser. Ich fühlte mich angenehm träge und fand Gerhards Schoß unheimlich gemütlich. Ihn wollte ich später heiraten. Alle waren in meinen Plan eingeweiht, niemand hatte protestiert. Also hatte ich klare Besitzansprüche.

»Lass uns was singen, Gerhard«, schlug Mutti vor.

»Au ja! Schließlich haste extra die Gitarre mit.«

»Na, Ruthchen«, er strich mir über den Kopf, »dann musste aber mal zum Vati rüberrutschen. Sonst kann ich nicht spielen.« Jetzt zog er das Instrument aus der Hülle und begann, die Saiten zu stimmen. Summte leise die ersten Töne: »Hmm ...« Dann tiefer: »Mmmm ...« Seine Finger zupften ein Vorspiel. »Zogen einst fünf wilde Schwäne ...« Mutti und Marlies stimmten ein. »... Schwäne leuchtend weiß und schön.« Bei Marlies klang die Melodie ganz hoch und fein, bei Mutti viel kräftiger.

32

Meine Mutter und ich

Ich kuschelte mich an Vati. Er konnte eigentlich nicht singen. Aber er brummte so herrlich. Mein Ohr schmiegte sich an seine Brust, bis das Brummen auf mich überging. Bis ich es nicht nur hören, sondern die Vibrationen in mir spüren konnte. Sein Arm hielt mich fest. Ich lauschte, lehnte den Kopf gegen seine Schulter. Über uns stand der gelbe Mond und lächelte.

Da ragte plötzlich ein vorgestreckter Arm in den Sternenhimmel. Zwei unfreundliche Riesen in brauner Uniform bauten sich vor unserem Feuer auf, schlugen die Hacken in den Sand und brüllten: »Heil Hitler!«

Der Gesang riss ab. Die Münder blieben offen. Auf einmal war es sehr still.

Vati erschrak mehr als ich. Er drückte mich unwillkürlich fester an sich. Ich spürte, wie sein Körper sich aufrichtete, wie er sich anspannte. Die Flammen flackerten in vier Paar weit aufgerissene Augen. Vatis unruhiger Atem streifte meinen Hals.

»Was ist das hier, Herrschaften? Feuer in den Dünen?«

Gerhard legte die Gitarre beiseite. »Nur ein paar Zweige«, sagte er mit beiläufiger Freundlichkeit. »Vom Meer aus nicht zu sehen. Die Schiffe werden nicht irritiert.« Er drückte die

Am Strand von Oster-Nothafen bei Swinemünde

Faust in den Sand, stemmte sich hoch und trat den Männern entgegen.

»Tja, noch sind's nur ein paar Zweige«, blähte sich der eine auf. »Aber es braucht bloß 'n bisschen Funkenflug, dann brennt hier plötzlich alles lichterloh!«

»Es ist ja nicht windig«, sagte Gerhard. Ruhig und sachlich. »Sehen Sie mal hier, ich bin Sanitäter.« Er hielt dem Kerl seinen Ausweis vom Roten Kreuz unter die Nase. »Es ist meine Aufgabe, Katastrophen zu vermeiden. Damit kenne ich mich aus.«

»Na, lass gut sein, Fritz.« Der zweite Mann klopfte seinem Kollegen auf die Schulter.

»Städter!«, zischte der. »Ham doch alle keene Ahnung!«

»Is doch keine Gefahr im Verzug, Fritz.«

»Von wegen! Dieses aufgeblasene Pack!«

Aber sie zogen ab. Wurden vom Dunkel verschluckt, als wären sie nie da gewesen. Und das Salzwasser schwappte wieder. Vati pustete mir seine Erleichterung in den Nacken.

»Was für ein Schreck in der Abendstunde!«

»Dabei können die uns gar nichts«, sagte Mutti.

»Die können rumpöbeln und uns schikanieren«, sagte Vati.

»Seit Hitler in der Reichskanzlei sitzt …«

»Ich meine hier wegen des Feuers«, warf Mutti rasch ein.

»Das ist doch nicht verboten.«

»Gerhard können sie nichts«, sagte Vati. »Der hat die richtige Religion.«

»Jetzt lass mal gut sein«, brummte Gerhard.

Aber der Blick, den er mit Mutti tauschte, entging mir nicht. »Nicht vor dem Kind!«, sollte das heißen. Dabei wusste ich schon viel mehr, als sie glaubten. Leute, die Heil Hitler brüllten, waren böse Leute. Das waren Leute, vor denen sogar mein Vati sich fürchtete. Und das wollte schon allerhand heißen!

3

Ich hab irgendwie schon als Kind einen unheimlichen inneren Stolz gehabt. Wo ich nicht erwünscht bin – na, was soll ich denn da! Ich weiß nicht ... wahrscheinlich hat mir das auch nachher viel geholfen. Mein Vater musste bloß sagen: »Du, Ruth, wir sind da nicht erwünscht.« Dann hab ich auch nicht gebettelt oder gebeten oder irgendwas. Dann war das tabu. Wo ich nicht erwünscht bin, da geh ich auch nicht hin. Das ist mein Grundsatz.

Viele jüdische Kinder besuchten in Berlin die städtischen Volksschulen. »Aber in diesen ungemütlichen Zeiten«, sagte Vati, »wird es wohl besser sein, wenn unsere Ruth unter ihresgleichen bleibt.«

»Es lernt sich leichter, wenn man sich wohl fühlt«, pflichtete Mutti ihm bei.

»... und nicht vom ›Jungvolk‹ angepöbelt wird«, knurrte Vati.

Als ich zu Ostern 1935 eingeschult wurde, war ich sieben. Fast genauso alt war die »Private Mädchen-Volksschule der Jüdischen Gemeinde«. Das Haus war 1927 fertiggestellt worden, ein nüchternes Backsteingebäude, das mit seinen großen, hellen Klassenräumen ganz dem praktischen Baustil der zwanziger Jahre entsprach. Die Schule lag in der Auguststraße, einer Parallelstraße zur Oranienburger. Aus den hinteren Fenstern blickte man auf die Rückseite der Neuen Synagoge mit ihrer weithin sichtbaren, goldgerippten Kuppel. Das gesamte Stadtviertel war durch jüdische Traditionen geprägt. Trotzdem hatte unsere Schule gar nichts Traditionelles. Sie war so modern, wie eine Schule in den Dreißigern überhaupt nur sein konnte. Auch in pädagogischer Hinsicht. Darauf hatte besonders Mutti großen Wert gelegt.

Wir Mädchen rückten zu unserer ersten Schulstunde in die

Bänke ein. Ringsum drängten sich Elternpaare, eine lange Reihe in Rührung verklärter oder betont aufmunternder Gesichter. Wer war aufgeregter, die Erwachsenen oder wir? Hinter mir begann ein helles Stimmchen herzzerreißend zu schluchzen. Sofort eilte die Mami herbei. »Na aber, Helga, Kindchen«, hörte ich sie trösten, »ist doch nicht schlimm ...«

Ich hatte nur Augen für die vielen bunten Teller. Allein in unserer Klasse waren es dreißig Stück für dreißig frischgebackene Erstklässlerinnen. Insgesamt gab es drei Anfängerklassen. Die ganze Schule roch heute nach Apfel, Nuss und Mandelkern. Auch Schokolade lag auf dem Teller. Und einige Früchte, die ich noch nie gesehen hatte. Fräulein Milgrom, die Lehrerin, zeigte uns zwischen Daumen und Zeigefinger ein längliches braunes Objekt. »Wer kann mir sagen, was das ist?«

Vor mir reckte sich ein Arm im dunkelblauen Bleylekleid. »Na, was meinst du?«

Das Mädchen sprang auf. »Eine Dattel, Fräulein.«

»Ganz richtig. Und das hier?« Sie zeigte eine andere Frucht.

»'ne Feige.«

»Mh! Und die schmeckt gut!«, schwärmte das Fräulein. »Wer möchte, kann gleich mal probieren.«

Als sie die Namensliste vorlas, gab es eine Überraschung.

»Ruth und Lilly Jacks. Seid ihr Zwillinge?« Ihr Blick flog neugierig über die Gesichter der Anwesenden. »Steht doch mal auf, Ruth und Lilly.«

Direkt vor mir sprang das Bleylemädchen von der Bank, blickte sich neugierig um.

»Lilly Jacks?«, hörte ich Muttis Stimme.

Fast gleichzeitig ertönte gegenüber eine tiefe Männerstimme. »Ruth Jacks? Wer ist Ruth Jacks?« Ich sah ungläubig geweitete Augen unter buschigen Brauen.

»Ach, ihr kennt euch gar nicht?«, wunderte sich Fräulein Milgrom.

Hilfloses Kopfschütteln. Lilly zuckte mit den Achseln. Ich zuckte mit den Achseln. Nie gesehen. Nie voneinander gehört. Auch die Eltern guckten ratlos.

»Na, dann wird's höchste Zeit, dass ihr euch kennenlernt«,

sagte Fräulein Milgrom. Und schmunzelte. Die Erwachsenen lachten. Schüttelten ebenfalls die Köpfe. Was für ein seltsamer Zufall! Es stellte sich heraus, dass Lillys Vater, James Jacks, ein Cousin meines Großvaters war. Doch auch die beiden kannten sich eigentlich nur vom Hörensagen.

Lilly wurde meine Freundin. Dabei war sie eigentlich das genaue Gegenteil von mir. Ich wuchs bei meinen Eltern sehr naturverbunden auf. Sie war ganz die vornehme Dame, immer bedacht, ihre Kleidung zu schonen und die Fingernägel sauber zu halten. Aber das störte uns nicht. Gegensätze können sich ja auch anziehen.

Jetzt war ich ein Schulkind. Morgens lief ich mit Vati zum Haus der Großeltern in der Jägerstraße. Vati kurbelte den Lastwagen an. Sobald der Motor tuckerte, kam Großvater aus dem Haus, und Vati half ihm ins Auto. Ich durfte in der Mitte sitzen. So fuhren wir in die Stadt. Ich musste zur Schule, die beiden Erwachsenen mussten zur Arbeit. Großvater hütete im Betrieb das Kontor, machte den Telefondienst.

In der Auguststraße, direkt an der Schule, stand jeden Morgen ein Obsthändler. Als der Lastwagen hielt, tauchte Großvater mit zwei Fingern in seine Westentasche. »Für dich, Ruthchen.« Er drückte mir einen Groschen in die Hand. »Dafür holste dir zwei Äpfel. Dann wirste in der großen Pause auch nicht verhungern.«

»Danke, Opa.« Ich kletterte aus dem Auto und winkte zum Abschied. Dann kaufte ich mir einen großen Apfel. Der kostete einen Sechser. Mit einem Apfel kam ich sehr gut durch den Vormittag, von Hunger keine Spur. Und ich hatte einen Sechser gespart. Den verwahrte ich sorgsam für den Heimweg.

Zurück nach Hohen Neuendorf fuhr ich mit der S-Bahn. Für ein Kind von sieben Jahren eine halbe Weltreise. Und die hatte ihre Tücken! Die Fahrt begann am Stettiner Bahnhof in der Invalidenstraße, dem heutigen Nordbahnhof.

»In Birkenwerder musst du wieder aussteigen«, hatte Mutti mir eingeschärft. Also passte ich haarscharf auf, dass ich unterwegs nicht ins Träumen geriet. Ich stand immer rechtzeitig am Ausstieg parat. Dumm war bloß, dass ich die Türen allein nicht aufbekam. Der Zug hielt in Birkenwerder, ich zog und

Meine Schulklasse in der Jüdischen Mädchenschule.
In der hintersten Reihe bin ich die Vierte von links

zerrte aus Leibeskräften, aber nichts rührte sich. Dann fuhr der Zug wieder an – und ich war immer noch drin!

Nachdem das ein paar Mal passiert war, durfte ich vorn im Zugabteil für Betriebspersonal mitfahren. Der Schaffner kümmerte sich darum, dass ich wohlbehalten in Birkenwerder ankam.

Hier kramte ich meinen gesparten Sechser heraus. Die ganze Fahrt über hatte ich mich auf diesen Augenblick gefreut. Oben am Ausgang der S-Bahnstation war ein kleiner Kiosk. Die Verkäuferin kannte mich schon.

»Ein Nappo, bitte.« Ich legte meinen Sechser auf die Theke. Das Nappo war rautenförmig, ziemlich hart und mit bitterer Schokolade überzogen. Behutsam öffnete ich das Silberpapier, schob die Nappospitze in meinen Mund und lutschte vorsichtig an der äußersten Ecke. Mmh! Wie das schmeckte! Ich mochte überhaupt nur bittere Schokolade. Keine Vollmilch. Mit meinem Nappo machte ich mich auf den Heimweg. Die Süßigkeit beschäftigte mich fast eine Viertelstunde lang. Genau bis vor unserer Haustür.

Wenn Mutti in Berlin etwas zu erledigen hatte, holte sie mich von der Schule ab, und wir gingen essen. Das war auch so ein Ritual. Alle vier Wochen aßen wir »Flunder grün«. Im Restaurant waren alle Tische weiß gedeckt, an jedem Platz eine gefaltete Damastserviette. Der Ober führte uns lächelnd in die Mitte, wo alle Gäste uns gut sehen konnten. Die gepolsterten Stühle reckten sich so hochbeinig übers Parkett, dass ich Mühe hatte hinaufzuklettern. Aber Mutti durfte nicht helfen. Auch nicht mit dem klobigen Fischbesteck. Ich wollte meine Flunder allein zerlegen. Und konnte das im Laufe der Zeit schon sehr gut. Alle Gäste schmunzelten über die Kleine, die sich mit großer Kunstfertigkeit einen Fischhappen nach dem anderen in den Mund schob. Eifrig, sorgfältig, unermüdlich. »Ihr Töchterchen ist ja der reinste Gourmet!«, lobte eine Dame.

Mutti sagte nichts, lächelte bloß. War stolz wie ein Spanier. Und reichte mir die Zitrone.

Das Restaurant lag sehr zentral, Ecke Friedrichstraße und Unter den Linden, in der Beletage. Der Eingang befand sich unter den Arkaden in der Friedrichstraße. Eines Tages hing dort ein Schild draußen an der Tür, neu und weiß. Darauf der Schriftzug: *Juden unerwünscht!* Daraufhin wurde die Flunder aus unserem Speiseplan gestrichen.

Im August 1936 verschwanden die Schilder vorübergehend. Unter den Linden flatterten ganze Heerscharen von Hakenkreuzbannern in Reih und Glied. Darunter flanierten Olympiagäste aus aller Welt, Sportbegeisterte und Neugierige, denn hier präsentierte sich Hitlerdeutschland. Und wir waren so gespannt auf die Olympischen Spiele! Muttis jüngere Schwester Hertha war eine hervorragende Sportlerin. Sie trat mit der Frauenhandball-Nationalmannschaft an. Das war natürlich ein Familienereignis.

Juden waren in den Sportstätten nicht willkommen. Daran ließen die Nazis, trotz fehlender Schilder, keinen Zweifel. Wir wollten uns auch nicht aufdrängen. Oder einschleichen. Nichts lag uns ferner. Wir hatten unser kleines Detektorradio. Man brauchte bloß einen Kopfhörer, um die Olympiaübertragungen zu empfangen. Der Detektor funktionierte ohne zusätzliche Stromzufuhr. Wenn vormittags die Sonne in unser Wohnzimmer schien, saß Mutti mit dem Kopfhörer und ihrem Nähkörbchen auf dem Sofa. Nachmittags wanderte sie mit dem Sonnenschein in die Küche und schälte Kartoffeln.

Manchmal saß sie sogar mit dem Detektor im Garten. Kaum ein Sportkampf entging ihr.

»Und dabei kann ich gemütlich die Beine hochlegen«, sagte sie. »Ist doch der reinste Luxus!« Denn zu diesem Zeitpunkt war sie bereits wieder schwanger.

»Komm, Ruthchen! Aufstehen!«

Ich spürte Vatis Hände, die mich rüttelten. Das Bett quietschte in den Scharnieren. Auf einmal wurde es kalt. Wo war meine Decke hin? Ich rollte mich ein. Umschlang mit den Armen die Knie. Kniff die Lider zusammen. Wollte den Traum noch ein Weilchen im Blick behalten.

»Kannst ja bei Oma und Opa noch 'n bisschen schlafen«, tröstete Vati. »Aber jetzt musst du dich anziehen.«

Ich wurde hochgezogen. Meine Beine baumelten über der Bettkante. Die Deckenlampe brannte. Draußen vor dem Fenster lag die stockfinstere Nacht.

»Wie spät isses denn?«, murmelte ich schlaftrunken.

»Erst vier.« Vati zog mir den Pullover über den Kopf. »Aber wir müssen hier Platz machen. Na komm, die Schuhe ziehen wir draußen an.«

Im Türrahmen begegnete mir eine fremde Frau. Sie lächelte und nickte mir zu. »Du bekommst jetzt ein Geschwisterchen«, sagte sie.

Ich drehte den Kopf zu Mutti, sah aber nur die Bettdecke über dem gewölbten Leib, darauf ihre Hand mit dem goldenen Trauring. Ihr Gesicht sah ich nicht.

Wir liefen durch die stille Nacht, Vati und ich. Jeder unserer Schritte füllte die Dunkelheit mit Lärm. Als wir bei den Großeltern klingelten, kam es mir so vor, als hätten sie schon auf uns gewartet.

»Na, Ruthchen, hamse dich unsanft aus'm Schlaf gerissen?« Großmutter strich mir über den Kopf. »Dafür kriegste heute noch 'ne schöne Überraschung. Wirst sehen!«

Als ich am frühen Nachmittag aus der Schule kam, war meine kleine Schwester da. Ich durfte sie gleich in den Arm nehmen. Schließlich war ich schon achteinhalb und kräftig genug, um ein Baby zu halten. Mutti beobachtete mich.

»Wie gefällt dir unsere Esther?«, fragte sie. »Wollen wir sie behalten?«

Ich streckte die Nase in die Luft und schnupperte. »Klar«, sagte ich. »Sie riecht so gut.«

Das war am 1. März 1937.

Irgendwann in diesem Jahr schlich sich die Krankheit in meinen Körper. Zunächst fast unbemerkt. Ich war nervös. Hatte Schwierigkeiten mit dem Stillsitzen. Und die Zeugnisse wurden schlechter. Niemand konnte sich erklären, woran es lag. »Ach, das wird schon wieder«, tröstete mich Großvater.

»Dabei hab ich mir solche Mühe gegeben!«

Ich war ein wissbegieriges Kind. Und ehrgeizig noch dazu.

»Na, das weiß ich doch, Ruthchen. Das wissen wir alle.«

Im Jahr darauf brach die Krankheit aus. Mitten im Unterricht. Wir schrieben gerade ein Diktat bei Frau Dr. Bergmann. Irgendetwas geschah mit mir. Mit meinen Armen und Beinen. Mit all meinen Muskeln. Plötzlich hatte ich keine Kontrolle mehr. Die Finger konnten den Federhalter nicht mehr halten. Ich sah Tintenspritzer auf dem Wort *Eisenbahn*, das ich eben noch so sorgsam geschrieben hatte. Meine Hand fuhr mitten hindurch. Die Tinte verschmierte. Es riss mich zur Seite. Wo war die Tischkante? Festhalten! Festhalten! Du fällst ja, Ruth! Da schlug ich schon auf den Boden. Sah Frau Dr. Bergmann, meine liebste Lehrerin, die trotz ihrer Gehbehinderung plötzlich rannte. Mir entgegen. Sie kniete neben mir. Strich über meine Wange. Ihre Finger waren angenehm kühl. Da spürte ich erst, welche Hitze in meinem Kopf saß. In meinem Körper.

Frau Dr. Bergmann half mir auf. Wir gingen zusammen zum Rektor. Da konnte ich noch selber laufen. Meine Eltern wurden verständigt.

Rektor Eisemann war ein großer, schlanker, gutaussehender Mann. In seinem Büro stand ein Sofa. »Leg dich mal hin, Ruth.« Auch der Rektor strich mir übers Haar. Seine Stimme war herrlich beruhigend. »Mach dir mal keine Sorgen. Das wird schon wieder mit dir.« Er reichte mir ein Glas Wasser, aber ich konnte es nicht greifen. Er stützte meinen Kopf, hielt mir das Glas an die Lippen. Das Wasser rann in meinen Mund. Ich konnte nicht mehr schlucken. Nicht mehr sprechen.

Dann kam Vati und nahm mich mit.

Mit meinen Schulfreundinnen und meiner kleinen Schwester;
v. l. n. r.: Lilly Jacks, Esther (Eddi), Ruth und Helga

»Das muss ausgelegt werden«, erklärte der Arzt im Jüdischen Krankenhaus. »Es ist ein Nervenfieber. Meine Diagnose lautet: Veitstanz. Muss man in aller Ruhe ausliegen.
Mehr lässt sich leider nicht tun.«
Keine guten Nachrichten. Vor allem, weil Mutti gerade
wieder angefangen hatte zu arbeiten. Als Kontoristin. Wenn
auch nur stundenweise. Die Großeltern betreuten währenddessen die kleine Esther. Aber sie konnten nicht auch noch
meine Krankenpflege übernehmen. Ich kam zu Vatis Schwester Flora nach Niederschönhausen. Sie war mit Herbert Hei-
mansohn verheiratet, der genau wie mein Großvater schwer-
beschädigt aus dem Ersten Weltkrieg zurückgekommen war.
Die beiden hatten keine Kinder.
»Ich nehme die Ruth«, sagte Tante Flora. »Ich werde mich
um sie kümmern.«
Als Vati mich in die Wohnung trug, war der große Spiegel
im Flur mit einer Decke verhängt. Ich sah es und wunderte
mich. Sie legten mich in ein Bett. Deckten mich zu. Ich blieb
liegen, wie sie mich gelegt hatten. Konnte mich selbst nicht
mehr rühren. Tante Flora maß mein Fieber. Es musste sehr
hoch sein, denn ihre Miene wirkte besorgt. Meine Zunge
war gelähmt. Aber ich bekam alles mit. Sah die Besucher
an meinem Bett, denen bei meinem Anblick die Tränen in

die Augen schossen. Die sich abwandten, die Hände vor den Mund pressten und mit ihren Jackenzipfeln hantierten. Danach war das Weiße in ihren Augen gerötet.

Später erzählten sie mir, dass mein gelähmtes Gesicht ihnen wie eine verzerrte Maske erschienen war. Und dass sie viele Tage in großer Angst verbracht hatten, weil auch der Darm und die Blase gelähmt waren. Dr. Simon erwog einen chirurgischen Eingriff, doch die Gefahr, dabei andere Organe zu verletzen, ließ ihn zögern. »Wir wollen lieber abwarten.« Lieber hoffen. Und beten. Auch für die Nerven meiner Eltern und Verwandten war es eine Zerreißprobe. Dann sank das Fieber. Meine Zunge wurde wieder beweglich. Ebenso der Rest des Körpers. Nach sechs Wochen war ich so weit, dass ich endlich aufstehen durfte. Und noch später auch wieder zur Schule gehen.

Heute weiß ich, dass es sich bei meiner Erkrankung nicht um den »Veitstanz« handelte, der jetzt nach seinem Erforscher »Huntington« heißt, sondern um eine spezielle Form der Epilepsie. Durch sie verlor ich einen Teil meiner Schulzeit, der mir heute umso kostbarer erscheint, weil ich schon bald darauf nicht mehr zur Schule gehen durfte.

4

Meine Großmutter hat immer gesagt: »Dieser Anstreicher, der bleibt nicht lange. Das ist doch kein Deutscher, das is'n hergelaufener Österreicher. Der hat doch gar keine Kultur. Der kann sich hier bei uns nicht halten.« Das war ihre Meinung. Und damit stand sie nicht alleine da. Na ja, und trotzdem ...

Der Novembermorgen war frostig. Über der Landstraße streckten sich Nebelschwaden ins Scheinwerferlicht. Aber der Dieselmotor brummte gemütlich. Wir fuhren in die Stadt. Vati am Steuer, ich in der Mitte, neben mir Großvater. Seine gleichmäßigen Atemzüge verrieten, dass er mit geneigtem Kopf noch ein Nickerchen machte. Warum auch nicht? Hauptsache, Vati blieb wach.

Die Straßenlaternen in Hermsdorf waren kaum der Rede wert, die Häuser am Straßenrand bloß Schemen in der Dunkelheit. Dasselbe in Waidmannslust. Erst in Wittenau wurde der Fahrdamm heller. Nun bekam die Großstadt langsam ein Gesicht. Es gab Geschäfte, zuerst vereinzelt, später ganze Ladenzeilen. Man sah Fußgänger auf den Bürgersteigen. Immer mehr Menschen, die zur Arbeit gingen. Aber was war das? Da hatte jemand die Schaufensterscheibe zerschlagen. Der Bürgersteig lag voller Glassplitter.

»Guck mal, Vati. Da haben sie eingebrochen.«

»Ja, tatsächlich.«

»Und da auch!« Kaum dreißig Meter weiter entdeckte ich das nächste demolierte Geschäft. Ein dicker Mann, vermummt in Mantel, Schal und Mütze, hastete vorüber, den Blick starr geradeaus gerichtet. Er schien den Schaden nicht zu sehen, dabei glitzerte der Splitterteppich auf dem Trottoir im Schein der Laternen.

»Das sieht hier aber merkwürdig aus, Vati ...«

»Was denn?« Großvater schnaufte plötzlich, setzte sich

ruckartig auf. »Was ist merkwürdig?« Er gähnte hinter vorgehaltener Hand.

»Die Läden wurden heute Nacht überfallen«, sagte Vati.

»Wie? Alle Läden?«

»Nein, nicht alle«, sagte Vati. Es klang nachdenklich.

Wir fuhren weiter Richtung Innenstadt.

»Wie sieht's aus?«, fragte Großvater. »Was Besonderes?« Seine Hand krallte sich in den Seitengriff der Autotür. Ich bemerkte es trotz der Dunkelheit. Spürte seine Anspannung.

Immer mehr kaputte Schaufenster. Daneben Davidsterne, hingeschmiert mit weißer Farbe. Auf der Mauer der Schriftzug JUDE. Immer wieder. Überall. Vor einem Wäschegeschäft lagen weiße Spitzenleibchen im Straßenschmutz. Gegenüber kippte ein Kerl im Braunhemd gerade zwei elegante Schaufensterpuppen in den Rinnstein. Ich sah sie stürzen, sah Damenhüte aus rotem Samt in die Gosse rollen und einen Gipsarm brechen. Meine Stimme, die Großvater Bericht erstattete, klang dünner als vorher. Es war schlimm, das hier mit anzusehen. So etwas durfte doch nicht sein! Das war doch verboten! Oder etwa nicht?

»Ich frage mich, wie's bei uns im Geschäft aussieht«, murmelte Vati.

Auf der Straße zog ein Randalierertrupp der SA vorbei. Kniehohe Schaftstiefel knallten aufs Pflaster. Verzerrte Gesichter. Wut in den Augen. Dazu brüllten sie irgendetwas, mehrere durcheinander. Und schwenkten ihre Hakenkreuzfahnen wie Prügel.

Vati steuerte uns besonnen durch den »Volkszorn«. Ich fühlte seine Wärme. An seiner Seite war ich bloß ein Zuschauer, sicher verwahrt im Führerhaus des Lastwagens. War nicht unmittelbar dabei. Fühlte Entrüstung über so viel Gemeinheit. So viel Brutalität. Und war zutiefst verwirrt. Was um Himmels willen passierte hier? Und warum? Auch Großvaters Besorgnis entging mir nicht. Vatis Unruhe, die sich in seinem wippenden Knie eingenistet hatte. Ich spürte die Beklemmung. Aber ich hatte keine Angst. Wenn mein Vati da war, würde mir nichts passieren.

Wir fuhren durch die Gartenstraße. In diesem Viertel wohnten viele Juden. Das Geschrei tönte schon von weitem. »Judenschwein!«, brüllte einer. Dann folgten andere furchtbare Ausdrücke. Da tobte sich eine weitere Rotte von SA-Schlägern aus.

»Allein sind das alles feige Hunde«, knurrte Vati, »aber in der Gruppe knüppeln sie drauflos.« Ihr Opfer war ein kleiner Mann, der durch seinen schwarzen Mantel, seinen schwarzen Hut und die typischen Schläfenlocken deutlich als orthodoxer Jude erkennbar war. Zwei der Schläger hielten ihn fest, während ein dritter mit Farbeimer und Pinsel einen weißen Stern auf seinen Mantel schmierte. Der Mann wehrte sich nicht.

»Armer Kerl«, murmelte Vati. »Wollte wahrscheinlich nach seinem Geschäft sehen.«

Wir fuhren langsam. Vor der Badeanstalt war die Straße sehr schmal. Ich hatte Zeit, mir das fahle Gesicht des Mannes einzuprägen, seine ausdruckslose Miene. Scheinbar fühllos bewahrte er Würde. Und sah dabei aus wie eine Puppe. Oder wie ein Toter.

Hier passiert etwas ganz Schlimmes, dachte ich. Was ganz, ganz Schlimmes!

Aber ich fühlte mich nicht bedroht. Mein Vati saß ja neben mir. Mein Großvater auf der anderen Seite. In unserem Auto waren wir nicht als Juden zu erkennen.

Merkwürdig friedvoll wirkte die Auguststraße an diesem Morgen, still und unberührt, nach all dem Aufruhr, den wir gesehen hatten. All dem Chaos. Die Auguststraße war wie immer. Ich sah die üblichen Schülerinnen, die mit ihren Ranzen oder Taschen dem Schultor entgegeneilten. Selbst der Obsthändler stand an der gewohnten Stelle.

»Hier ist alles in Ordnung«, sagte Vati. In seiner Stimme lag Erleichterung.

Großvater gab mir meinen Obstgroschen. Ich kletterte auf die Straße, und der Lastwagen holperte weiter. Die beiden hatten es jetzt eilig, wollten so schnell wie möglich zur Rossstraße. Nachsehen, ob die Randalierer auch in unseren Betrieb eingebrochen waren.

Ich kaufte meinen Apfel, ging in die Schule.

In der Eingangshalle wartete bereits Frau Dr. Bergmann. Sie lehnte am Treppengeländer. Die schmalen Hände klammerten sich an den Handlauf. Wie immer fiel ihr wegen der schiefen Hüfte das lange Stehen schwer. »Wir versammeln uns in der Aula«, sagte sie und deutete mit einem Kopfnicken in die entsprechende Richtung. »Da sind wir wenigstens alle beieinander.« Ihr Mund lächelte mir zu, doch die Augen blieben ernst.

Ich hatte auf einmal so ein Drücken im Bauch. Es war noch nicht vorbei. Der Friede in der Auguststraße hatte uns getäuscht.

Trotz der vielen Mädchen lag über der Aula bloß ein dumpfes Murmeln.

Lilly quetschte sich neben mich auf die Bank. »Meinste, die schicken uns wieder nach Hause, Ruth?« Ihre Augen wirkten riesig. Die Ungewissheit zeichnete Falten auf ihre Stirn.

Vor uns drehte sich ein älteres Mädchen um. »Nee, das könnse nich. Is viel zu gefährlich! Draußen is überall SA.«

Lilly tastete nach meiner Hand. »Aber uns werden die doch wohl nichts tun, oder ...«

»Das sind Schweine«, sagte das ältere Mädchen. »Bei denen weiß man nie.«

Die Jüdische Mädchen-Volksschule war keine religiöse Schule. Wir beteten normalerweise nicht gemeinsam. Man folgte modernen, weltlichen Erziehungsmethoden. Es gab keine Prügelstrafe, wie sie in vielen christlichen Volksschulen üblich war. Unsere Klassen waren verhältnismäßig klein, und die Lehrer kannten ihre Schülerinnen gut. Wir hatten ein respektvolles, aber auch freundschaftliches Verhältnis. Nun schweißten uns die Ereignisse zusammen. So war zumindest mein Empfinden.

Am Vormittag des 10. November 1938 haben wir alle zusammen gebetet. Rektor Eisemann sprach die Worte, an die ich mich noch sinngemäß erinnere. Gebetet wurde für all diejenigen, die sich in diesem Augenblick in Bedrängnis befanden. Für unsere Eltern, Verwandten und Freunde. Dafür, dass wieder Ruhe einkehren möge, sowohl in unserer Stadt als auch im ganzen Land. Und Besinnung. Ein allgemeines Umdenken. Wir beteten für ein friedliches Nebeneinander der verschiedenen religiösen Gruppen. Und für ein hilfsbereites Miteinander aller Deutschen, denn in diesem Punkt waren wir doch gleich: Egal ob Juden oder Christen – wir waren alle Deutsche.

Nach dem Gebet kehrte Stille ein.

Das Warten begann.

Donnerschläge an der großen Schultür. Vielstimmiges Gebrüll.

»Die SA hat den Eingang blockiert! Wir sitzen in der Falle!«

Wir stürzten zu den Fenstern, Mädchen und Lehrer. Pressten unsere Nasen gegen die Scheiben. Ich sah SA-Männer. Hakenkreuzfahnen. Vor der Schultür ein Berg aus Gerümpel. Da türmten sich massive Holzkisten, Bretter, Stühle, Weidenkörbe, mehrere Schlitten, ich entdeckte sogar ein paar große Kochtöpfe.

»Wo nehmen die das Zeug bloß her?«, staunte Lilly, die Augen noch weiter aufgerissen als vorher. Völlig fassungslos. Immer mehr Zeug flog mit Getöse auf den Haufen.

»Dass die mal bloß nicht auf die Idee kommen, das anzustecken ...«

»In der nächsten Straße brennt's schon!«

Weitere Randalierer waren damit beschäftigt, die Fassade mit ihren Parolen zu beschmieren.

»Nur die Ruhe!«, mahnte Rektor Eisemann. »Wir werden eine Lösung finden. Aber ihr müsst euch alle still und besonnen verhalten.«

»Setzt euch doch bitte wieder hin!«, rief Frau Dr. Bergmann.

Eine Lehrerin fasste mich am Arm, griff auch nach Lilly und bugsierte uns zurück zu den Bänken. »Na kommt, Mädchen, setzt euch wieder«, sagte sie mit sanfter Stimme. »Wir müssen jetzt überlegen, wie wir euch hier rausbringen. Vielleicht schleichen wir uns über den Hinterhof und dann durch die Synagoge auf die Oranienburger Straße ...«

»Das geht nicht!«, schrillte eines der Mädchen. »Die Synagoge brennt!«

Unsere Blicke zuckten zum Fenster. Ich sah dunklen Rauch, der seitlich aus der großen Kuppel quoll. Wenigstens waren es noch keinen hellen Flammen. Trotzdem wurde mir plötzlich die Luft knapp.

»Jetzt haben sie uns«, flüsterte Lilly.

»Wir sitzen hier fest.« Das Murmeln in der Aula nahm zu. In der Reihe hinter mir fing ein Mädchen an zu weinen. Aber Rektor Eisemann schien zu wachsen.

»Wir werden eine Lösung finden«, rief er. »Unsere Lage ist schlimm. Aber sie ist nicht aussichtslos. Ihr müsst Ruhe bewahren!«

Ich glaubte ihm. Setzte mich. Nahm Lillys Hand und hielt meinen Blick vom Fenster fern. Ignoriere den Qualm. »Sie werden uns schon in Sicherheit bringen«, flüsterte ich Lilly ins Ohr. »Ganz bestimmt.«

»Ich will euch nichts vormachen«, sagte der Rektor, »und ich will nichts beschönigen. Ihr müsst die Gefahr kennen, wenn ihr euch davor schützen wollt.«

Eine Bank knackte vernehmlich. Von draußen hörte man gedämpfte Naziparolen. Bei uns in der Aula war es sehr still. Das Mädchen vor mir legte den Kopf schief, hob das Kinn und blickte zu Rektor Eisemann auf, als wäre er eine Heilsgestalt. Unser Retter in der Not.

»Diese Horden«, sagte er, »haben in der vergangenen Nacht unzählige jüdische Geschäfte geplündert. Sie haben jüdisches Eigentum zerstört. Und sie schrecken auch vor körperlichen Angriffen nicht zurück. Deshalb dürft ihr diesen Männern auf keinen Fall in die Quere kommen. Habt ihr verstanden?«

Er hielt inne. Sein Blick schweifte mit großem Ernst über die Bankreihen.

Das Mädchen vor mir nickte. Lilly nickte. Ich nickte.

»Sobald ihr diese Schule verlassen habt, müsst ihr euch schnurstracks nach Hause begeben. Dort bleibt ihr und wartet ab, bis die Lage sich wieder beruhigt hat.«

Wieder nickten alle.

»Eure Klassenlehrerinnen werden jetzt feststellen, ob das bei allen möglich ist.«

Frau Dr. Bergmann ging mit einer Liste herum.

»Ist denn bei euch jemand zuhause?«, fragte sie mich. »Oder sind alle zur Arbeit?«

»Mutti ist da.«

Frau Dr. Bergmann notierte es auf ihrer Liste.

»Und bei euch?«, wandte sie sich an Lilly.

»Meine Mutti ist auch da.«

»Na, dann können wir euch beide ja losschicken.« Sie lächelte vielversprechend.

»Tja, aber wie kommen wir raus?«, murmelte jemand hinter mir.

Es wirkte fast so, als hätten die Lehrer bereits einen Ausweg gefunden. Nur welchen? Die vorderen Ausgänge wurden von SA-Trupps bewacht, die lautstark ihre Parolen krakeelten. Dieser Weg war versperrt. Unser Schulhof reichte zwar bis an die rückwärtigen Mauern der Synagoge, aber dort schien der Brand sich immer weiter auszubreiten. Immer mehr Qualm drang aus der Kuppel. Außerdem trieben sich drüben auf der Oranienburger Straße mit Sicherheit jede Menge Nazischläger herum.

»Es ist alles dicht!« Eine Lehrerin stürzte in die Aula, rannte auf den Rektor zu. »Die Gehörlosenschule haben sie auch abgeriegelt«, stieß sie atemlos hervor. »Die sitzen wie die Hasen in der Falle!« Alle konnten es hören.

»Genau wie wir!«, zischte das Mädchen hinter mir.

»Nun ist auch der Fluchtweg nach links abgeschnitten«, sagte eine zierliche Drittklässlerin mit langen schwarzen Zöpfen. In ihrer Stimme klang das Weinen, das sie kaum noch zurückhalten konnte. Die Gehörlosenschule grenzte an das St.-Hedwig-Krankenhaus in der Großen Hamburger Straße. Wir alle hatten gehört, wie die Lehrer sich beratschlagten, ob man uns vielleicht dort hinausschleusen könnte. Jetzt senkten wir die Köpfe und fassten uns an den Händen.

»Wir müssten fliegen ...«, sagte die Zierliche mutlos. Ihre Tränen begannen zu fließen.

»Tja, wenn wir fliegen könnten!«, murmelte es hinter mir. Aber Rektor Eisemann hob plötzlich den Kopf, nickte der Zierlichen zu. »Du hast recht«, sagte er, »so könnte es gehen.«

»Ihr werdet euch ganz unauffällig rausschleichen«, erklärte Frau Dr. Bergmann. »Immer nur zwei Mädchen gleichzeitig. Und nicht rennen, wenn ihr auf die Straße kommt! Habt ihr verstanden?«

Alle nickten. Ich ging mit Lilly.

»Und gleich nach Hause fahren!«, mahnte Frau Dr. Bergmann. Sie strich uns über die Köpfe. »So, und jetzt ab mit euch!«

Wir folgten einer anderen Lehrerin treppauf, treppauf, treppauf, gelangten atemlos auf den Dachboden der Schule. Eine riesige leere Holzfläche, fast wie ein Tanzparkett. Nur in den Ecken standen Kübel mit Sand und Wasser, daneben Feuerpatschen für den Fall der Fälle. Ganz hinten führte eine schmale Tür zum Dachboden des Nachbarhauses. Dahinter das gleiche kahle Bild. Wir gingen weiter zur nächsten Tür, betraten das nächste Haus, den nächsten Dachboden. Es roch nach Staub und Taubenkot. Ein bisschen auch nach Feuer. Ich versuchte, möglichst leise aufzutreten, aber jeder Schritt dröhnte auf den nackten Holzdielen. Die Atemlosigkeit nahm zu. Das konnte nicht allein am Treppensteigen liegen. Durch eine weitere Tür traten wir in ein Treppenhaus. Nun ging es treppab, treppab, treppab. Wir befanden uns in einem Mietshaus, in dem Juden wohnten. Besorgte Blicke begleiteten uns auf unserem Weg nach unten. Gesprochen wurde nicht. Alles ging still und heimlich vor sich. Der Hauseingang lag in einer Seitenstraße.

»Noch seid ihr nicht in Sicherheit!«, warnte der Lehrer, der hier postiert war. »Die letzten beiden sind links gegangen, also geht ihr zwei jetzt auf dem rechten Bürgersteig.«

Wir nickten. »Rechter Bürgersteig.«

»Und nicht rennen, verstanden!«

»Nein, nein.« Wir schüttelten die Köpfe.

»Ihr geht ganz normal die Straße runter. Sie SA kann euch sehen, wenn ihr die Auguststraße überquert. Also reißt euch zusammen!«

Wir marschierten los. Zunächst mit entsetzlichem Herzklopfen. Hier draußen rochen wir den Brand viel stärker. Ich schaute auf die Granitplatten, die durch meine Schritte in gleichgroße Stücke geteilt wurden. Schaute auf den Rinnstein, auf das Kopfsteinpflaster der Auguststraße und wieder auf Granitplatten. Jetzt löste sich die Spannung. Sie konnten uns nicht mehr sehen. Die Straße lag still und friedlich. Weit und breit keine SA in Sicht. Als wir durch die Gartenstraße in Richtung Invalidenstraße gingen, waren wir wieder zwei ganz normale Schulmädchen, jede mit ihrem Ranzen auf dem Rücken. Lilly wohnte hier gleich um die Ecke. Ich kletterte in die S-Bahn, Abteil für Betriebspersonal, und fuhr zurück nach Birkenwerder. Als ich dort ausstieg, kam es mir vor, als wären die Ereignisse dieses Vormittags bloß ein Spuk gewesen. In Birkenwerder hatte sich nicht das Geringste verändert. Ich holte meinen Sechser aus der Tasche, ging hinauf zum Kiosk und kaufte mir ein Nappo. Heute hatte ich es mir wirklich verdient.

5

Ich weiß nur noch, dass mein Vati, als er abends nach Hause kam, uns beide ganz liebevoll in die Arme genommen hat, meine kleine Schwester Eddi und mich. Und er hat gesagt: »Jetzt beginnt 'ne schwere Zeit für uns.« Eddi war da ja noch sehr klein. Die hat das nicht so verstanden. Aber ich hab's nicht vergessen.

Im Betrieb meiner Großeltern hatten die Randalierer ganze Arbeit geleistet. Die Fensterscheiben waren kaputt, das Mobiliar im Kontor demoliert. Wenigstens hatten sie niemanden verletzt. Aber der Schaden ging in die Tausende. Die Scherben wurden beiseitegekehrt, die Fenster provisorisch mit Holz vernagelt. Draußen auf dem Trottoir hasteten die Berliner vorbei, als wären sie den Anblick der Kampfspuren längst gewohnt. Viele verschwendeten nicht einmal einen Blick. »Da ist viel Neid im Spiel«, sagte meine Großmutter. »Und jetzt natürlich Schadenfreude.« Aber es gab auch mitleidige Gesichter. Und es gab Menschen, die sich für die Nazis schämten.

Am nächsten Tag ging ich wieder zur Schule. Wir fuhren mit unserem Lastwagen in die Stadt: Vati am Steuer, ich in der Mitte, daneben Großvater. Der Diesel brummte so gemütlich wie eh und je.

»Na, wie sieht's aus«, fragte Großvater, »ist die Lage wieder normal?«

Vati holte tief Luft. »Wie man's nimmt«, seufzte er. »Ich sehe keine Schlägertrupps. Dafür aber eine Art bösartigen Pilzbefall …«

Großvater runzelte die Stirn. »Was soll das heißen?« Seine große, geäderte Hand griff nach meinem Unterarm. »Sag mir, was du siehst, Ruthchen.«

»Vati meint die Schilder«, erklärte ich. »An den Geschäften.

Überall steht *Für Juden verboten* oder *Juden unerwünscht.* Es gibt plötzlich ganz viele solche Schilder.«

»Ach?« Auf Großvaters Stirn standen zwei steile Falten.

»Ja«, nickte Vati, »jetzt beziehen sie Stellung, die Nazis.«

»Oder es sind die Geschäftsinhaber«, überlegte Großvater, »die um Kundschaft aus den Reihen der ›Herrenrasse‹ buhlen.« Er wiegte bedächtig den Kopf.

»Wie auch immer«, seufzte Vati. »Für uns bedeutet es nichts Gutes.«

In meiner Schulklasse herrschte gedrückte Stimmung. Einige Mädchen waren gar nicht zum Unterricht erschienen. Die übrigen berichteten Erschreckendes. Es hatte viele Verhaftungen gegeben. Noch immer zogen Kommandos der Gestapo durch die Wohnviertel. Ziel waren offenbar vor allem Juden, die aus Polen stammten. Die Männer in den schwarzen Ledermänteln holten die Väter aus den Familien und brachten sie ins KZ Sachsenhausen. Keiner wusste, was man ihnen vorwarf. Bei uns in der Schule gab Frau Dr. Bergmann sich alle Mühe, die weinenden Töchter zu trösten.

Es begann eine Zeit des Bangens. Manche Väter kamen nach zwei oder drei Tagen wieder nach Hause. Sie waren im Lager verhört und brutal verprügelt worden. Man hatte ihnen nahegelegt, Deutschland mitsamt ihren Familien so schnell wie möglich zu verlassen. Andere kehrten nicht mehr heim. Es hieß, sie seien durch die Misshandlungen gestorben. Wir hörten auch von Erschießungen im Lager.

»Deshalb müsst ihr euch immer an sämtliche Regeln und Verordnungen halten!«, mahnte uns Frau Dr. Bergmann. Die Worte »immer« und »sämtliche« sprach sie so eindringlich, dass sie in meinem Kopf nachhallten.

»Habt ihr verstanden, Mädchen?« Ihr Blick zeigte Sorge.

»Ja, natürlich.« Wir nickten eilig.

»Jedes Verbot, das sie erlassen, müsst ihr befolgen«, sagte Frau Dr. Bergmann. »Ohne Wenn und Aber. Mit diesem Staat wollen wir uns nicht anlegen!«

Das war damals unter den Juden die allgemeine Ansicht.

Am 12. November 1938 wurde die »Verordnung zur Ausschaltung der Juden aus dem deutschen Wirtschaftsleben« erlassen. Danach durften Juden ab dem 1. Januar 1939 in

Deutschland weder Einzelhandels- noch Handwerksbetriebe führen. Sie durften auch auf keinem anderen Wege Waren oder Dienstleistungen anbieten. Für meine Großeltern bedeutete das den Verlust ihres Broterwerbs.

Am 3. Dezember folgte die »Verordnung über den Einsatz des jüdischen Vermögens«, eine Erweiterung der ursprünglichen Bestimmungen. Den Juden wurde auferlegt, ihre Gewerbebetriebe zu verkaufen oder abzuwickeln, ihren Grundbesitz zu veräußern und ihre Wertpapiere bei einer Devisenbank zu hinterlegen. Meine Großeltern wurden gezwungen, ihr Unternehmen in der Rossstraße zu schließen. In Windeseile musste ein Interessent gefunden werden, der den Betrieb übernahm. Der Erlös war minimal. Auch die Autos wurden verkauft. Doch das Schlimmste war, dass das schöne Haus in Hohen Neuendorf für einen Spottpreis abgegeben werden musste. Das Geld wurde auf einem Sperrkonto deponiert, über das meine Großeltern nicht frei verfügen konnten. Für ihren Lebensunterhalt erhielten sie eine monatliche Auszahlung von nur zweihundert Reichsmark.

Wir waren nach Hohen Neuendorf gekommen, um Abschied zu nehmen. Von Haus und Garten. Von einer schönen Zeit. Die ganze Familie war da. Meine Onkel und Tanten, ihre Familien, unsere Freunde. Das Haus wimmelte von Menschen. Auf der Veranda wurde ein letztes Mal der große Tisch gedeckt. Die Tischdecke mit Monogramm, dazu das Tafelsilber und das gute Geschirr. Zum Braten gab es Leipziger Allerlei aus der Vorratskammer. Den letzten Wein aus dem Weinkeller. Zum Nachtisch reichlich Apfelkompott, das Tante Frieda selbst eingekocht hatte. Mitnehmen konnte man das alles sowieso nicht.

Im Flur standen schon die Umzugskisten. Viele waren es nicht. Die neue Unterkunft in einem sogenannten »Judenhaus« in der Elsässerstraße, heute Torstraße, war den Großeltern zugewiesen worden. Bloß zwei Zimmer. Eine halbe Wohnung, die sie mit einer anderen Familie teilen mussten. Küche und Bad zur gemeinsamen Nutzung. Das würde eine große Umstellung werden. Die Gefühle waren äußerst gemischt, die Stimmung wehmütig. Das Wohnungsthema blieb während des Essens unerwähnt.

»Na, Ruthchen, noch 'n Schälchen Kompott?« Großmutter tauchte den großen Löffel in die Schüssel.

Mein Magen drückte wie ein Fußball gegen die Rippen. »Also, ich glaub ... ich glaub, ich kann nicht mehr.«

»Nanu? Dir schmeckt's wohl nicht?« Es klang fast vorwurfsvoll.

Meine Rettung kam vom anderen Ende des Tisches. »Schade ist es ja auch um das schöne Reck«, sagte jemand. Großmutter wandte den Kopf. Das Reck stand draußen im Garten. Es hatte die Zeit überdauert, obwohl Großvater inzwischen in die Jahre gekommen war.

»Wenn man erst die zweiundsiebzig erreicht hat, ist mit der Turnerei nicht mehr viel«, versuchte Onkel Albert zu trösten.

»Sag das nicht!«, widersprach Großmutter. »Die Riesenwelle geht noch.«

»Tatsächlich?« Wir Kinder rissen die Augen auf. »Mach mal vor, Opa!«

»Ja, mach doch mal vor!«

»Nun lasst ihn doch, Kinder ...«

Aber Großvater schien gar nicht abgeneigt. »Soll ich?«, fragte er, strich sich den Schnurrbart und schmunzelte. »Was meint ihr, soll ich wirklich?« Er drehte den Kopf, lauschte auf unsere Reaktionen.

»Ja, bitte!«

»Na klar!«

»Du schaffst das, Opa!«

»Also gut«, nickte er und schob seinen Stuhl zurück. »Dann werde ich meine Turnkleidung anlegen.«

Bald darauf standen die Gäste im Kreis um das Reck versammelt. Großvater trat in seinen knielangen Turnhosen an. Er spreizte die angewinkelten Arme ab, dehnte die Brustmuskulatur, ließ den Kopf kreisen und machte ein paar Kniebeugen, um sich aufzuwärmen. Man sah ihm die jahrzehntelange Übung an. Weil er nichts sehen konnte, hoben zwei seiner Söhne ihn hoch, bis er die Reckstange zu fassen kriegte. Und schon begann er, kraftvoll hin und her zu schwingen. Jede Bewegung wirkte wohldosiert, der Körper geschmeidig und seltsam schwerelos. Immer höher flog er, schwang auf und ab. Gab sich absolut sicher und gewandt, gar nicht wie ein alter

Mann. Noch höher. Und jetzt! Da war sie, die volle Drehung um das Reck bei ausgestrecktem Körper, die Riesenwelle. Vorgeführt in Perfektion. Mein Großvater war ganz in seinem Element, turnte immer weiter, spreizte die Beine, zeigte uns eine Figur nach der anderen. Wollte gar nicht mehr aufhören.

Wir klatschten in heller Begeisterung. Standen fassungslos, den Kopf im Nacken, riefen »Aaah!« und »Oooh!« und »Ist das nicht phantastisch?«. Und einer rief auch: »Bravissimo!«

Denn eines stand in diesem Augenblick fest: Großvater war immer noch ein hervorragender Turner.

In der Elsässerstraße hatten meine Großeltern ein kleines Schlafzimmer und ein Wohnzimmer. Aber es gab nichts zu tun außer essen, schlafen und grübeln. Großvater saß mit grauem Gesicht auf einem Sessel in der Ecke. Er, der immer so licht- und lufthungrig gewesen war, wirkte nun alt und gebrechlich. Jedes Mal, wenn wir ihn besuchten, ein bisschen mehr. Und Großmutter hatte diese Falten um den Mund, die sich immer tiefer eingruben. Man konnte zusehen, wie beide von Tag zu Tag alterten.

Tante Frieda, die vorher bei ihnen in der Jägerstraße gewohnt hatte, wo sie sich mit ihrem Rollstuhl barrierefrei durch das Erdgeschoss des Hauses und den Garten bewegen konnte, war jetzt im Alten- und Siechenheim untergebracht, das dem Jüdischen Krankenhaus angegliedert war. Die Großeltern besuchten sie regelmäßig. Ich war auch häufig dort.

Ich weiß nicht mehr, wie lange meine Großeltern in der Elsässerstraße wohnten. Nach einiger Zeit wurden sie per Anordnung in ein anderes »Judenhaus« umgesetzt, diesmal in die Kleine Hamburger Straße Nummer 4 oder 4a. Hier hatten sie nur noch ein kleines, sehr dunkles Zimmer. Darin standen zwei Betten, ein Kleiderschrank, ein kleiner runder Tisch, ein Stuhl für meine Großmutter und Großvaters Sessel. Das Haus war sehr alt und ziemlich verkommen. Es roch muffig. Und ich hatte immer den Verdacht, dass sich in den Dielenritzen etwas bewegte.

6

In guten Zeiten hatten meine Großeltern zwei Plätze in der Oranienburger Straße, die waren ihr Eigentum. Man konnte in der großen Synagoge als wohlhabender Mensch ... ja, man musste eigentlich, um zu repräsentieren, einen Sitz in der Neuen Synagoge haben. Dafür hat man bezahlt, und da hatte man seinen Stammplatz. Aber man ging nicht regelmäßig hin. Zu den großen Feiertagen natürlich schon. Aber sonst ... Das hätte mein Großvater von Hohen Neuendorf aus gar nicht geschafft.

Im Januar 1939 trat die »Verordnung über Kennkarten« in Kraft, eine Vorform des Personalausweises, den es bis dahin nicht gegeben hatte. Jeder deutsche Staatsbürger, der das fünfzehnte Lebensjahr vollendet hatte, konnte die neue »Kennkarte« beantragen. Ein Antragszwang wurde für alle Männer ab achtzehn Jahren bestimmt, denn diese wurden im selben Alter auch wehrpflichtig. Zu diesem Zeitpunkt hatte Hitler bereits aggressive Expansionspläne. Er brauchte Übersicht über seine künftigen Heerscharen, sein Menschenmaterial.

Ein Antragszwang galt ebenfalls für alle Juden, egal welchen Geschlechts. Bei ihnen war die Verordnung mit der Annahme eines Zwangsvornamens verbunden. Männer sollten zu ihrem Namen den zweiten Vornamen »Israel« erhalten, Frauen den Zusatz »Sara«. Die Kennkarten mussten innerhalb eines Monats nach Inkrafttreten der Verordnung beantragt werden. Pro Karte wurde eine Gebühr von drei Reichsmark erhoben. Diese Gebühr durfte bei Juden nicht ermäßigt werden. Bei Zuwiderhandlung oder fahrlässiger Verschleppung des Antrags drohte eine Gefängnisstrafe bis zu sechs Monaten.

Mutti und Vati saßen in der Küche. Ich sah ihre gestikulierenden Schatten an der Wand. Sie redeten leise. Die Tür war bloß angelehnt, ich wollte nicht lauschen. Aber der Ton alarmierte mich. Ich wusste, dass sie uns Kinder nicht beunruhigen wollten, spürte aber trotzdem deutlich ihre Sorge und Ratlosigkeit. Kam näher. Schaute. Und hörte. Ganz unwillkürlich.

»Mensch, was machen wir denn jetzt bloß?«

Mutti seufzte, während Vatis Fingerspitzen auf der Tischplatte einen Trommelwirbel schlugen. Offenbar gab es Fragen über Fragen.

»Und wenn wir Papenfuß ...«

»Ausgerechnet den! Das ist doch ein Hundertfünfzigprozentiger!«

Jeder in Hohen Neuendorf kannte die Familie. Sowohl der Vater als auch die Kinder gingen inzwischen nur noch in ihren Nazi-Uniformen auf die Straße. Vor dem Haus der Familie flatterte eine riesige Hakenkreuzfahne.

»Aber der Mann sitzt im Amt an der richtigen Stelle.«

»Mit Papenfuß will ich nichts zu tun haben, Elly!«

»Wir könnten doch zumindest fragen ...«

»Auf gar keinen Fall!«

Aber zu guter Letzt wandten sie sich dann doch an Papenfuß. Es blieb ihnen nichts anderes übrig. Er war in Hohen Neuendorf für ihren Fall zuständig. Sein Ressort waren die ortsansässigen Juden.

Sein Name fiel nun häufiger in unserer Küche. Manchmal mahnend: »Aber Papenfuß hat doch gesagt ...« Oder drängend: »Papenfuß braucht noch Unterlagen!« Für dieses und jenes. Die Amtsbesuche nahmen plötzlich kein Ende mehr. Und jede Erwähnung des Beamten Papenfuß jagte mir eine Gänsehaut über den Rücken.

Ich glaube, meine Eltern hatten in erster Linie Angst vor dem System, das er repräsentierte. Aber aus der Art, wie sie über ihn sprachen, konnte ich schließen, dass er seine politische Gesinnung und seinen Antisemitismus nicht zur Schau stellte. Er verhielt sich »korrekt«. Hielt sich streng an Gesetze und Vorschriften. Wog die Gesetzgebung in ihren verschiedenen Auslegungsformen ab. Beriet meine Eltern, soweit es ihm möglich war. Und sprach Empfehlungen aus.

So kam es, dass Mutti und Vati im Laufe der Zeit ein gewisses Vertrauen zu ihm fassten. Und dass sie schließlich sogar ohne jeden gesetzlichen Zwang einem seiner Ratschläge folgten, der unsere ganze Familie ins Verderben stürzte.

Vorerst ging es um die Beantragung der neuen Kennkarten. Brauchten wir alle vier eine? Nein, klärte Papenfuß auf, die Kleinste schon mal nicht. Damit meinte er Esther, meine kleine Schwester, die sich selbst, seit sie ein bisschen sprechen konnte, stets nur »Eddi« nannte.

Und für die sogenannte »Mischehe«, die meine Eltern führten, gebe es präzise Definitionen, sagte Papenfuß. Dabei spiele es keine Rolle, dass meine Mutter mit ihrer Hochzeit zum jüdischen Glauben konvertiert war. Entscheidend sei einzig und allein ihre »Deutschblütigkeit«. Diese müsse nun allerdings durch einen »Ariernachweis« belegt werden. Dazu hatte meine Mutter sieben offiziell beglaubigte Geburts- oder Taufurkunden vorzulegen, nämlich ihre eigene sowie die ihrer Eltern und der vier Großeltern. Außerdem drei beglaubigte Heiratsurkunden, also die der Eltern und Großeltern. Sobald der »Ariernachweis« erfolgt sei, sagte Papenfuß, müsse meine Mutter nicht mehr den zusätzlichen Vornamen Sara in ihrer Kennkarte führen. Aber bis dahin selbstverständlich schon. So seien nun mal die Vorschriften. Daran ließe sich nichts ändern.

Und Ruth? Meine Eltern wollten wissen: Was ist mit ihr? Auch für »Mischlinge« gebe es genaue Festlegungen, erklärte Papenfuß. Regeln, an die man sich halten müsse. Mischlingskinder, die nicht im jüdischen Glauben aufwuchsen, bezeichne man als »Mischlinge ersten Grades«. Sie gälten aber nicht als Juden. Wohingegen laut Reichsgesetzblatt Teil I, Nr. 100 vom 16. September 1935, das die sogenannten »Nürnberger Gesetze« festlegte, alle Mischlingskinder, die am Tag des Gesetzesbeschlusses als Mitglieder der Jüdischen Gemeinde geführt worden waren, sogenannte »Geltungsjuden« seien.

»Das trifft auf Ihre Tochter zu«, sagte Papenfuß. »Demzufolge haben Sie laut Gesetz hier und jetzt drei Kennkarten zu beantragen.«

So wurde es gemacht.

Meine Kennkarte

Am 10. Februar 1939 setzte ich in bester Schönschrift meine Unterschrift auf das Dokument mit meinem zehnjährigen Konterfei, das mich als *Ruth Sara Jacks* auswies.

Wir waren nicht nur Mitglieder der Jüdischen Gemeinde, sondern nahmen auch regelmäßig am Gottesdienst teil. Jeden Sonnabend fuhr ich mit Mutti nach Hermsdorf, wo sich die nächstgelegene Synagoge befand. Mutti sang dort auch im Chor. Meine kleine Schwester blieb wahrscheinlich so lange bei den Großeltern. Genau weiß ich es nicht mehr. Vati musste sonnabends meistens arbeiten.

Die Synagoge lag im Falkentaler Steig. Von außen wirkte sie wie ein Wohnhaus. Nur an den Butzenscheiben mit dem Davidstern erkannte man die jüdische Gebetsstätte im Erdgeschoss. Im Inneren war der sakrale Charakter unübersehbar. Auf der einen Seite des Mittelgangs saßen die Männer, auf der anderen die Frauen. Vorn stand der Schrank, in dem die Tora aufbewahrt wurde. Zur Lesung wurde sie herausgenommen. Oben waren Glöckchen angebracht, die abgenommen werden mussten, um die Tora auseinanderzurollen. Unser Rabbiner, Dr. Hugo Klein, war ein hochgewachsener Mann. Aber es gab auch noch Herrn Groß, der ebenfalls manchmal predigte oder vorlas. Er war ein sehr kleiner Mensch. Als

Kind fand ich es immer faszinierend, wenn der Lesende mit großem Ernst den silbernen Zeigestock auf die Tora senkte. Vorne am Stock saß eine kleine Hand aus Elfenbein, die ihm die Buchstaben zeigte.

Angeblich wurde unsere »kleine Hermsdorfer Synagoge« nach den Verwüstungen der Pogromnacht 1938 geschlossen. Mir kommt es allerdings so vor, als wären wir noch länger dorthin gegangen, aber der Zeitraum lässt sich nicht genau eingrenzen.

Die letzte Bar-Mizwa. Heute waren viele gekommen. Hatten sich getraut. In den vergangenen Wochen war es oft ungewiss gewesen, ob die Andacht stattfinden konnte. Mindestens zehn männliche Personen waren dazu erforderlich, die im religiösen Sinne volljährig, also mindestens dreizehn Jahre alt waren. Heute hatte sich der Saal zu zwei Dritteln gefüllt. Viele bekannte Gesichter. Menschen mit feierlichen Mienen. Traurigen Augen. Dem Gefühl nach feierten wir heute nicht nur Bar-Mizwa. Wir nahmen auch Abschied.

Vorne standen acht Jungen im Halbkreis. Jeder hatte aus der Tora gelesen und damit seine Reife bewiesen. Nun breitete der Rabbiner den Segen über ihre respektvoll geneigten Köpfe. Die Zeremonie war vollzogen. Von hinten sahen wir, die Gemeinde, die kleinen Zeichen der Entspannung im Halbkreis der Jungen. Da wippte eine Schuhspitze, dort zuckte eine Schulter. Gleich würde der Rabbiner sie entlassen, und sie würden zu ihren Plätzen zurückkehren.

Aber Dr. Klein hob die Hand. Nur noch einen Augenblick, sagte uns die Geste. Auf ein Wort. Durch seine Größe fiel es ihm leicht, über die Köpfe der Jungen hinwegzublicken. Er wandte sich an die Schar der Zuhörer. Ich konnte die Überraschung spüren. Sah neugierige Mienen. Was hier passierte, war nicht das Übliche.

»Es freut mich«, sagte Dr. Klein, »die Gemeinde hier in so großer Zahl versammelt zu sehen. In diesen Zeiten.« Sein Blick suchte unsere Blicke, wanderte durch die Reihen. »Eine Gemeinde ist eine Gemeinschaft«, sagte er. »Und das sind wir. Eine Gemeinschaft. Besonders in diesen Zeiten.«

Hinter mir wurde Luft eingesaugt und geräuschvoll wieder

ausgeatmet. Die Frau neben mir biss sich auf die Lippen. Dr. Klein breitete auffordernd die Arme aus. »Deshalb möchte ich jetzt auch die Mädchen nach vorn bitten«, sagte er. »Alle Mädchen. Bitte kommt zu mir.«

Damit hatte keiner gerechnet. Mein Blick hastete zu Mutti. Soll ich? Ihr Lächeln war nur angedeutet, aber sie nickte. Na, geh schon! Trotzdem zögerte ich. Andere waren bereits aufgestanden. Also dann! Ich spürte die Blicke der Sitzenden. Es war ein seltsam warmes Gefühl. Wir gingen nach vorn. Bildeten einen Halbkreis im Halbkreis.

Und der Rabbiner sprach auch über uns Mädchen den Segen.

Dann sagte er noch, dass wir alle auf uns aufpassen sollten. Und dass wir uns wiedersehen wollten. Als Gemeinschaft. Und keiner sollte fehlen.

Die NS-Mühlen mahlten weiter. Mit bürokratischer Akribie wandelten sie die deutsche Gesetzgebung, um die Verfolgung der Juden zu legalisieren. Am 21. Februar 1939 erschien die sogenannte »Dritte Anordnung auf Grund der Verordnung über die Anmeldung des Vermögens von Juden«. Wir mussten unsere Wertgegenstände abgeben. Den Nazis ging es vor allem um Schmuck, Edelsteine und kostbare Teppiche. Davon hatten wir kaum etwas. Bis auf die Trauringe meiner Eltern. Doch die durften sie laut Verordnung behalten.

Fotoapparate mussten abgegeben werden. Unsere kleine, bescheidene Agfa-Box, wertvoll nur für uns, weil sie Erinnerungsfotos machte. Die Fahrräder mussten abgegeben werden. Von nun an gab es keine Radtouren mehr, weder durch Brandenburg noch zum Hohen Neuendorfer Bäcker. Wir gingen nur noch zu Fuß, jeder Einkauf zerrte an unseren Schultern. Und unser Silberbesteck musste abgegeben werden!

Ich, die Zehnjährige, war empört. War fassungslos. War tief getroffen.

»Womit sollen wir denn jetzt essen, Mutti? Das geht doch nicht!«

Mutti schaute mich an. Seufzte. Müde sah sie aus, abgekämpft. Und ein bisschen ratlos. »Dass dich gerade das so trifft ...«

»Aber die können doch nicht einfach ...«

»Na, wir werden schon noch 'n Löffel finden«, sagte Mutti.
»Wir haben ja noch das Alpakabesteck.« Man sagte auch Neusilber dazu, obwohl kein Silber enthalten war. Stattdessen Kupfer, Nickel und Zink.

»Das olle Zeug! Das läuft doch immer so an.«

»Ach, Ruthchen.« Mutti senkte den Kopf und seufzte schon wieder. »Dann werden wir's eben öfter mal putzen.«

Nachdem Hitler am 1. September 1939 in Polen eingefallen war, wurden auch unser Radioapparat und unser Telefon eingezogen.

Die »Private Mädchen-Volksschule der Jüdischen Gemeinde« musste ihre Räume in der Auguststraße verlassen. Frau Dr. Bergmann erklärte, dass unser schönes neues Schulgebäude in ein Lazarett umgewandelt würde. Wir zogen in die Kaiserstraße, Nähe Alexanderplatz, wo uns ein Gebäudetrakt der Jüdischen Knabenschule zugeteilt wurde. Den Schulhof nutzten Mädchen und Jungen gemeinsam.

Alle Deutschen bekamen jetzt Lebensmittelkarten. Die Grundnahrungsmittel Fett, Fleisch, Butter, Milch, Käse, Zucker und Marmelade wurden gleich zu Beginn des Krieges rationiert. Man musste weiterhin den gewohnten Preis dafür bezahlen, bekam aber nur eine bestimmte Menge zugeteilt, die nicht überschritten werden durfte. Ab dem 25. September folgte die Rationierung von Brot, Eiern und weiteren Lebensmitteln.

Mitte Oktober wurde die »Reichskleiderkarte« eingeführt. Dadurch konnten die Nazis nun auch die Ausgabe von Schuhen und Textilien an die Zivilbevölkerung kontrollieren.

Am 23. Januar 1940 wurde Juden laut Erlass der Bezug von Schuhen und Leder jeglicher Art verboten. Knapp zwei Wochen später, am 4. Februar 1940, folgte die Verordnung, dass Juden grundsätzlich keine Kleiderkarten erhalten sollten. Diese Bestimmung wurde für mich schon sehr bald zu einem enormen Problem, denn ich war zwölf und wuchs immer noch. Und wuchs. Und wuchs. Meine Kindersachen passten nicht mehr. Ich hatte inzwischen die Konfektionsgröße einer erwachsenen Frau, aber die Nazis ließen uns keine neuen Kleider kaufen. Ich trug Muttis Sachen. Obwohl die darüber nicht begeistert war.

Ab dem 11. März 1940 wurden laut Erlass des Reichsminis-
ters für Ernährung und Landwirtschaft für die jüdische Bevölkerung besondere Lebensmittelkarten ausgegeben. Sie waren durchgängig mit dem Buchstaben *J* oder dem Schriftzug
Jude bedruckt. So konnten die Nazis sicherstellen, dass Juden
deutlich geringere Nahrungsmengen erhielten als die übrigen
Deutschen. Bestimmte Bereiche auf diesen Karten hatte man
ganz und gar *ungültig* gestempelt. Jedes Nahrungsmittel, das
durch den Krieg zunehmend rar und exquisit wurde, war für
Juden verboten. Stattdessen bekamen sie Ersatzstoffe.

»Igitt, was ist denn das?«

Am liebsten hätte ich den Bissen gleich wieder ausgespuckt,
aber Mutti guckte so streng. Ich hielt mir die Nase zu und
schluckte. Runter damit! Der widerliche Geschmack blieb
im Mund. Das angebissene Brot landete auf dem Teller. Es
sah aus wie Butter, dieses Zeug, aber es stank zum Himmel!
Und so schmeckte es auch.

»Das soll Margarine sein«, sagte Mutti.

»So was kann man doch nicht essen!«

Wahrscheinlich sah Mutti mir das Entsetzen an.

Dabei war ich gar nicht verwöhnt. Ich war ja schließlich
kein Schokoladenkind. Wenn überhaupt Schokolade, dann
feinbitter. Oder Nappo. Aber sonst nichts Süßes! Mein Lieb-
lingsessen war ein Milchknüppel, ein kleines Brötchen, und
dazu ein Achtel Butter. Ich aß die Butter mit dem Löffel. Das
war das Schönste auf der Welt! Eine einfache Freude.

Oder war ich tatsächlich zu verwöhnt?

»Weißt du, Ruth«, Muttis Stimme klang resigniert, »wir
werden uns wahrscheinlich daran gewöhnen müssen. Es gibt
nämlich für uns keine Butter mehr.«

Das traf mich zutiefst. Weil ich ein Butterkind war.

Im Laufe der Zeit probierte Mutti die verschiedensten Va-
rianten aus, um aus der schlechten Margarine einen halbwegs
genießbaren Brotaufstrich zu machen. Ich aß stattdessen
lieber Quark. Der war auch für Juden erhältlich. Und es gab
wirklich Schlimmeres.

7

Es ist ein Abkommen von meinem Vater und meiner Mutter gewesen. Dass er eben gesagt hat, er will seine Kinder über den Krieg retten. Und die einzige Möglichkeit, die er sieht, um das zu erreichen, ist eben, dass meine Mutter die Verantwortung übernimmt. Sie haben gemeinsam entschieden: Wir trennen uns. Nicht »scheiden«, sondern »sich trennen«, das wollten sie. Für eine gewisse Zeit.

Es dauerte zweieinhalb Jahre, bis der vom Reichsbeamten Papenfuß eingeforderte »Ariernachweis« meiner Mutter abgeschlossen war. Die zehn beglaubigten Tauf- und Heiratsurkunden, die sie mühsam zusammengetragen hatte, hielten der amtlichen Prüfung stand. Im Juli 1941 traf die Abschrift eines knapp gefassten Schreibens der Ortspolizeibehörde Hohen Neuendorf bei uns ein. Darin teilte man Mutti Folgendes mit: *Nachdem auf Grund der eingereichten Unterlagen Ihre Deutschblütigkeit festgestellt ist, brauchen Sie nach den bestehenden Bestimmungen den jüdischen Vornamen S a r a nicht zu führen.* Nun stand es ihr frei, eine neue Kennkarte ohne Namenszusatz für sich zu beantragen oder ganz auf den Besitz einer Kennkarte zu verzichten.
Als am 19. September 1941 die »Polizeiverordnung über die Kennzeichnung der Juden« in Kraft trat, brauchte Mutti keinen gelben Stern zu tragen. Meine kleine Schwester war mit ihren vier Jahren vorläufig noch zu jung dazu, denn die Verordnung galt erst für Kinder ab sechs. Aber für Vati und mich gab es keine Ausnahmeregelung.

Blicke. Überall Blicke.
Bisher war ich ein ganz normales Mädchen gewesen. Eine von unzähligen jungen Berlinerinnen, die mit der Bahn fuhren, zur Schule gingen oder einkauften. Über die man hinwegsah,

Der Amtsvorsteher als Ortspolizeibehörde
Hohen Neuendorf bei Berlin, Kreis Niederbarnim

An Frau
Elly Jacks

Hohen Neuendorf b. Berlin

Wörtherstr. 4

P.- den 1. Juli 1941

Nachdem auf Grund der eingereichten Unterlagen
Ihre Deutschblütigkeit festgestellt ist, brauchen
Sie nach den bestehenden Bestimmungen den jüdischen
Vornamen S a r a nicht zu führen.

gez. Unterschrift.

28. Februar 1942

Polizei-Inspektor

*Dieses Schreiben erhielt meine Mutti, nachdem sie sich anderthalb
Jahre lang um ihren »Ariernachweis« bemüht hatte*

weil sie nicht auffielen. Nicht positiv, nicht negativ. Jetzt
schauten mich plötzlich alle an. Aber sie sahen nicht mich,
sondern den gelben Fleck. Ich hatte den Stern selbst ange-
näht, laut Verordnung gut sichtbar auf der linken Brustseite
der Außenbekleidung. Hatte mich selbst gebrandmarkt.
In Hohen Neuendorf trug kaum jemand den Stern. In der
Stadt tauchte er häufiger auf. Ich hielt jetzt immer Ausschau
nach Uniformen. Auch da gab es Abstufungen, die mir schnell

68

in Fleisch und Blut übergingen. Soldaten trugen Feldgrau. Das war relativ ungefährlich. Vorsicht war bei Braun und Ockertönen geboten. In die kleidete sich die SA. Richtig bedrohlich waren schwarze Ledermäntel und schwarze Schaftstiefel, getragen von SS und Gestapo.

Die Uniformen kamen oft schnurgerade auf mich zu. Auf den breiten Berliner Bürgersteigen war rechts und links genügend Raum für mindestens vier weitere Fußgänger. Doch die Uniformen wollten provozieren. Wollten eine Reaktion erzwingen. Ich senkte den Blick auf meine abgenutzten Schuhspitzen. Wich schon in sicherer Entfernung aus. Manchmal auf die Fahrbahn. Manchmal sogar auf die andere Straßenseite. Ich mied jeden Blickkontakt und erst recht jedes Wort. Hauptsache, sie ließen mich in Ruhe meiner Wege gehen.

Aber der fanatische Judenhass unter den Nazis war keine Frage des Alters. In Hohen Neuendorf war der Bürgersteig schmaler. Das nasse Pflaster glänzte im Schein der Gaslaternen. Gelbes Herbstlaub füllte den Rinnstein. Ich sah die Braunhemden der Hitlerjugend schon von weitem. Sie walzten mir in breiter Front entgegen. Eine Rotte halbwüchsiger Bengel, kaum älter als ich. Aber zusammen natürlich unüberwindlich.

»Mensch, kiek ma, die!« Ein frecher Zeigefinger deutete auf meine Brust. Der gelbe Fleck stachelte den Bengel an. »Hier jeht's nich weiter, Frolleinchen!«

»Hier is Ende für solche wie dich!«

Die Sperre reichte quer über das kopfsteingepflasterte Trottoir und den Fahrdamm. Sie waren zu fünft. Ich war allein. Mein Herz hämmerte wie verrückt. Wohin sollte ich ausweichen? Vielleicht umdrehen und wegrennen? Ich biss die Zähne zusammen, dass es knirschte. Marschierte im selben Tempo weiter, Schritt auf Schritt auf Schritt. Meine Hacken knallten aufs Pflaster. Die Jungen waren größer als ich. Stärker auch. Und inzwischen so dicht neben mir, dass mich bereits ein kurzer Schwinger außer Gefecht gesetzt hätte. Aber sie rührten sich nicht. Schauten bloß auf mich herab. Verachtung im Blick. Oder gar Hass? Warum? Was hab ich euch getan, Jungs?

»Alte Judensau!«, zischte mir einer ins Gesicht.

Die anderen lachten.

Ich ging weiter. Ging durch. Hielt den Blick auf meine Schuhe gesenkt. Und mit jedem weiteren Schritt wuchs der Abstand zwischen mir und diesen Idioten. Die kennen mich nicht, ich kenne sie nicht. Wir haben uns nie zuvor gesehen. Was pöbeln die mich an! Aber natürlich schmerzte es innen drin.

Tante Edith war in heller Aufregung. Egon, ihr siebzehnjähriger Sohn, war über Nacht nicht nach Hause gekommen. Wo mochte er geblieben sein? Tante Edith rannte von einem zum nächsten, doch keiner der Verwandten und Freunde, die sie fragte, konnte etwas sagen. Dann kam heraus, dass Egon am Vortag auch nicht zur Arbeit erschienen war. Abends um sechs hätte er zum Nachtdienst da sein müssen. Man legte großen Wert auf Pünktlichkeit. Aber Egon war nicht aufgetaucht. Dabei hatte er sich am Nachmittag noch ganz normal von Tante Edith verabschiedet, genau wie immer. »Ich kauf mir noch was zu essen«, hatte er gesagt, weil kein Brot mehr in der Küche war für die Stullen, die er sonst immer mitnahm.

Jetzt lief Tante Edith zum Laden, der letzten Anlaufstelle, die ihr einfiel.

»Entschuldigung, aber haben Sie vielleicht meinen Sohn gesehen, den Egon?«

Tante Edith war in dem Geschäft bekannt. Sie kaufte schon seit Jahren dort ein. Die Ladeninhaberin wusste sofort, von wem die Rede war. »Ja, Frau Jacks, aber wissen Sie denn nicht ...«

»Was?«, fiel ihr Tante Edith ins Wort, beunruhigt über die betroffene Miene der Frau.

»Wissen Sie denn nicht, dass Sie ... also, ich meine ... dass Juden hier nur nachmittags zwischen vier Uhr und fünf Uhr einkaufen dürfen?«, sagte die Frau. »Es gibt da eine Verfügung.«

»Sicher weiß ich das«, nickte die Tante, selbst seit über einem Jahr gezwungen, sich an die diskriminierende Regel zu halten. »Aber war mein Sohn denn gestern hier?«

»Er kam um Viertel vor vier«, sagte die Frau. Sehr leise.

»Na, weil er doch zur Arbeit musste«, sagte die Tante. »Und das is'n ganz schöner Weg!«

Mein Cousin Egon Jacks (sitzend) war das erste Mitglied unserer Familie, das deportiert wurde. Neben ihm mein Cousin Willi Jacks

»Die haben schon draußen gewartet«, sagte die Frau. Noch leiser.

Die Männer hätten seit fünfzehn Uhr dort gestanden, berichtete sie. Uniformierte in schwarzen Mänteln, schwarzen Stiefeln. Sie hätten jeden Juden verhaftet, der vor vier Uhr in den Laden gekommen sei. Nicht mal die Ausweise hätten sie sich zeigen lassen. Die Leute, die mitgenommen wurden, trugen alle den gelben Stern auf der Jacke.

»So war das gestern«, sagte die Ladenbesitzerin.

Tante Edith sagte nichts. Starrte nur. Fassungslos.

»Tut mir wirklich leid, Frau Jacks.«

Mein Vater wurde bei der Scheidung meiner Eltern zum »schuldigen Teil« erklärt. Das Sorgerecht für uns Kinder fiel an meine Mutter

In unserer Familie war Egon Jacks der Erste, der abgeholt wurde. Ein Siebzehnjähriger, dessen einzige »Schuld« darin bestanden hatte, fünfzehn Minuten zu früh ein Geschäft zu betreten. Er verschwand im Herbst 1941 und kam nicht mehr zurück. Die Nazis hatten ihn nach Riga ins dortige Ghetto deportiert.

In unserer Verwandtschaft wurde viel über den Vorfall gesprochen. Immer wieder. Die Nachricht war für alle ein Schock. Sie zerstörte jegliche Hoffnung. Vor allem meine Großeltern gerieten in eine Krise der Verzweiflung. Vorher waren da immer noch »Strohhalme« gewesen. Argumente, die man sich zurechtgelegt hatte, um einen Lichtschimmer an den finsteren Horizont zu pflanzen.

»Ach, das vergeht schon wieder«, hatte meine Großmutter immer gesagt. »Mit 'nem bisschen Geduld. Der will sich doch nur bereichern, dieser Anstreicher!«

Alle hatten wir so gedacht. Uns wird schon nichts passieren! Kann ja gar nicht! Unsere Familie hat doch ihren Beitrag geleistet. Großvater hat als Soldat für dieses Land sein Augenlicht verloren. Das können die doch nicht ignorieren!

Aber sie konnten.

Wir saßen nur noch im kleinen Kreis zusammen. Sprachen leise. Die Zeit der großen Feiern war vorbei. Man ging nicht mehr aus dem Haus, wenn man nicht musste. War ständig auf der Hut. Fühlte sich nur noch in den eigenen vier Wänden halbwegs sicher.

»Hauptsache, die Familie bleibt zusammen«, hatte Großmutter immer gesagt. Das war für sie das Wichtigste gewesen. Und es blieb auch das Wichtigste. Aber jetzt redete sie auf einmal ganz anders. »Ach, hätten wir euch bloß das Geld zum Auswandern gegeben!« Wo war ihr gewohnter Patriotismus geblieben? »Das war ein Fehler. Ein schwerer Fehler.«

»Na, es ist nicht mehr zu ändern«, sagte mein uralt gewordener Großvater.

Ich glaube, es war diese schleichende Angst, die wir plötzlich alle hatten. Diese dumpfe Ahnung, dass alles immer noch schlimmer werden könnte. Das spürten auch meine Eltern. Sicher hatten sie schlaflose Nächte. Sie wollten retten, was eben noch zu retten war. Wollten vor allen Dingen uns Kinder schützen, Eddi und mich. Deshalb gingen sie ein weiteres Mal zu Papenfuß und vertrauten sich ihm an.

Der Reichsbeamte Papenfuß warf einen Blick in seine diversen Vorschriften. Und er wusste tatsächlich Rat.

Mutti weinte. Laut und verzweifelt drang es aus der Küche. Vor ihr auf dem Tisch lag ein aufgerissener Umschlag, daneben der Brief. Sie saß zusammengekrümmt, die Ellenbogen auf die Tischplatte gestützt, ganz rot im Gesicht und tränenüberströmt.

Was sollte ich tun? Was konnte ich denn überhaupt tun?

»Was ist los, Mutti? Hast du dich mit Vati gestritten?«

»Nein, nein.« Sie schüttelte heftig den Kopf. »Nein!«

»Na, aber ... was ist es dann?«

Sie wischte sich mit den Unterarmen über Augen und Nase, straffte den Rücken und blickte zu mir auf, sichtlich um Fassung bemüht. »Hier in diesem Brief steht ...« Ihr Finger pochte auf das Papier. Die Stimme klang plötzlich tonlos und abgehackt. »Hier steht, dass die Reichs...« Sie schluckte. »... dass die Behörde unsere Ehe als geschieden ausgewiesen hat. So steht es hier. Wir sind jetzt geschieden, Vati und ich!«

»Was? Das kann doch nicht ...«

»Doch«, flüsterte Mutti. »Wir sind geschieden.«

»Aber Vati ...« Obwohl ich erst dreizehn war, wusste ich genau, was diese Scheidung bedeutete. Etwas Hartes setzte sich in meinem Hals fest, begann zu drücken.

Mutti griff meine Hand und streichelte sie. »Das wollten wir nicht, Ruth. Alles, nur das nicht!«

»Aber ...« Ich starrte sie an.

»Aber jetzt ist es passiert.«

»Und man kann es nicht ...«

Sie schüttelte den Kopf. Die Tränen begannen schon wieder zu rinnen. »Man kann es nicht mehr ändern.«

Von nun an war Vati »Freiwild«. So nannten es meine Großeltern, meine Onkel und Tanten. Das Wort war mir vertraut. Freiwild zu sein bedeutete, gänzlich ohne Schutz zu sein. Es bedeutete, jederzeit damit rechnen zu müssen, dass man abgeholt wurde. Deportiert wurde wie mein Cousin Egon. In ein Konzentrationslager, wer weiß wohin.

»Dafür ist Papenfuß verantwortlich«, flüsterte Mutti mit gebrochener Stimme. »Er hat uns das Ganze eingeredet.« Sie zog geräuschvoll die Nase hoch. »Ich hasse diesen Mann!«

Vatis Schutz waren die sogenannte »Mischehe mit einer Deutschblütigen« und seine beiden »Mischlingskinder« gewesen. So definierte es die makabere Gesetzesregelung der Nazis. Die »Mischehe« hatte uns auch vor dem zwangsverordneten Umzug in ein »Judenhaus« oder eines der »jüdischen Viertel« bewahrt. Man wollte die »Mischlingskinder«, die ja später den Arbeitsdienst und andere staatliche Pflichten abzuleisten hatten, nicht einem derart »schädlichen« Klima aussetzen.

Durch die Ehescheidung hatten die Nazis infolge ihrer eigenen menschenverachtenden Anordnungen nun freien Zugriff auf Vati, den Juden mit dem semitischen Stammbaum. So viel verstand ich damals auf Anhieb. Weitaus schwieriger zu begreifen war, wie es zu der Scheidung hatte kommen können.

Obwohl unter dem NS-Regime immer wieder entsprechende Bestrebungen ins Gespräch kamen, existierte innerhalb der deutschen Gesetzgebung keine Verordnung, die eine Zwangsscheidung von »Mischehen« gestattete oder gar vorschrieb. Allerdings waren laut »Gesetz zur Vereinheitlichung des Rechts der Eheschließung und der Ehescheidung« vom 6. Juli 1938 »rassische Gründe« ein zulässiges Scheidungsbegehren.

Die Scheidung meiner Eltern beruhte auf dem mehr oder minder freiwillig gefassten Entschluss, ihre Trennungsabsicht offiziell bekanntzugeben. Die Idee dazu stammte von Papenfuß. Er hatte ihnen eingeredet, ein solches Schreiben könne die angestrebte »Arisierung« der beiden Kinder, Ruth und Esther, günstig beeinflussen. Unseren Status wollten meine Eltern verbessern. Wir sollten von »Geltungsjuden« zu sogenannten »Mischlingen 1. Grades« aufsteigen, denn die brauchten keinen gelben Stern zu tragen und wurden von den Nazis weitaus weniger diskriminiert. Sie wollten uns schützen.

Papenfuß hatte ihnen wortreich versichert, dass auf eine Erklärung der Trennungsabsicht zunächst eine Anhörung erfolgen würde. So sei es gesetzlich vorgeschrieben, bevor man das eigentliche Scheidungsverfahren einleitete. Genügend Zeit also, die scheinbar beabsichtigte Trennung zu gegebener Zeit zu widerrufen. Man wisse ja, dass eine Scheidung sich über Jahre hinzöge. Und währenddessen sei die »Arisierung« der Kinder sicher längst vollzogen.

Tatsächlich kam es dann ganz anders.

Es steht zu vermuten, dass Papenfuß über die juristischen Abläufe Bescheid wusste, dass er meine Eltern also wissentlich falsch beriet. Aber sicher ist es nicht. Wahrscheinlich wusste er auch, dass sich an unserem Status von vornherein nichts ändern ließ. Wir blieben »Geltungsjuden«, weil wir im September 1935 und auch danach noch Mitglieder der Jüdischen Gemeinde gewesen waren.

8

Man wusste, dass die Menschen in Arbeitslager kommen. Dass alle eingesperrt sind. Aber dass es Vernichtungslager gibt, so wie Auschwitz, davon hatte ich bis '45 keine Ahnung gehabt. Ich hatte ja auch gar keine Vorstellung gehabt, dass es sechs Millionen waren, die da zusammengetrieben wurden. Dass in diesen Lagern gar nicht so viel Platz sein konnte. Aber das kann man sich auch nicht vorstellen. Also, dass es Lager wie Sachsenhausen gab, ja, das wusste ich. Aber sonst ... nein.

Die Entlassung erfolgt wegen der angeordneten Auflösung des jüdischen Schulwesens. So stand es in meinem Abschlusszeugnis, datiert auf den 30. Juni 1942. Da hatte ich gerade die 6. Klasse beendet. Mit dem Erlass des Reichserziehungsministeriums wurde für jüdische Kinder faktisch die Schulpflicht aufgehoben. Nun gab es in Deutschland keine Schulen mehr, an denen wir unterrichtet werden durften.

Vorerst zerstreuten sich die Klassenverbände der »Privaten Mädchen-Volksschule der Jüdischen Gemeinde« aber noch nicht in alle Winde. Während der Sommerferien arbeiteten wir für einige Wochen gemeinsam auf dem Jüdischen Friedhof in Weißensee. Wir jäteten Unkraut, harkten die Wege und brachten die Gräber in Ordnung. Es war eine schöne und friedvolle Arbeit, eine Art letztes Zusammensein. Aber mit jedem Tag kamen weniger Mädchen auf den Friedhof. Wir hörten jetzt immer häufiger, dass ganze Familien abgeholt wurden. Dass sie in Arbeitslager gebracht wurden, ähnlich den Fremdarbeiterlagern, von denen es auch in Berlin jetzt schon etliche gab. Diese Fakten waren bekannt.

Dass Hitler inzwischen Vernichtungslager bauen ließ, in denen jüdische Männer, Frauen und Kinder systematisch ermordet wurden, wusste ich zu diesem Zeitpunkt nicht. Hätte es auch nicht für möglich gehalten, wenn es mir jemand er-

X./II. PRIVATE VOLKSSCHULE DER
JÜDISCHEN KULTUSVEREINIGUNG ZU BERLIN EV / Berlin C 2
Kaiser-Straße 29/30

Schulentlassungs-Zeugnis

Ruth Sara Jacks

geboren den *8. September* 19*29* besuchte die X./II.Private
Volksschule der Jüdischen Kultusvereinigung zu Berlin e.V.

von *April* 19*35* bis *30. Juni* 19*42*, war
seit *Juli* 19*41* in der *6.*-Klasse*) und ist heute mit
nachstehendem Zeugnis unter Versetzung in die *7.*-Klasse entlassen worden

Betragen: *sehr gut*   Fleiß: *gut*
Aufmerksamkeit: *sehr gut*   Schulbesuch: *regelmäßig*

KENNTNISSE UND FERTIGKEITEN:

Religion { Hebräisch   Zeichnen: *gut*
{ Jüd. Geschichte   Musik: *gut*
Deutsch: *befriedigend*   Turnen: *sehr gut*
    Nadelarbeit: *sehr gut*
Geschichte: *befriedigend*   Werkunterricht:
Erdkunde: *sehr gut*   Hauswirtschaftsunterricht:
Naturgeschichte: { *gut*   Handschrift: *ausreichend*
Naturlehre: Englisch:
Rechnen: *gut*
Raumlehre: *sehr gut*

Die Entlassung erfolgt wegen der angeordneten Auflösung des jüdischen
Schulwesens.

Berlin, den *30. Juni* 1942

Dipl.-Hdl. Max Israel Reschke   *Dr. Erna Sara Bergmann,*
Schulleiter   Lehrerin
+) Die Schule umfaßt 8 aufsteigende Klassen (I.-VIII.)

Mein Schulentlassungszeugnis

zählt hätte. Aber ich war erst dreizehn. Meine Eltern waren
weniger naiv. Zumindest, was ihre Befürchtungen betraf.

»Du, Mutti?«
»Was denn, Ruth?«
»Vati hat sich eben von mir verabschiedet. So richtig förm-
lich.«
»Na, er muss doch zur Arbeit.« Die Nazis hatten ihn zur
Zwangsarbeit verpflichtet.

»Ja, schon. Aber er hat mich richtig in den Arm genommen und gedrückt. Das macht er doch sonst nicht, wenn er zur Arbeit geht.«

Mutti öffnete den Kleiderschrank, nahm einen Rock vom Bügel, faltete ihn zusammen und legte ihn aufs Bett.

»Und dann hat er gesagt: ›Tschüs, Ruth.‹ Und es klang ganz seltsam.«

Muttis Hand griff nach dem nächsten Rock. Sie wirkte sehr beschäftigt. Auf den Rock folgte ein Kleid. Dann noch eines. Dann eine Strickjacke.

»Und die ganze Zeit hat Vati mich so merkwürdig angeguckt. So, als wäre irgendwas.«

Mutti bückte sich und fuhr mit dem Arm unters Bett. Ich hörte ein Schurren. Dann kam ein Koffer zum Vorschein.

»Vati hat sich von dir verabschiedet, weil wir heute von hier wegziehen«, sagte sie. »Du, Eddi und ich. Wir ziehen in die Stadt.«

»Was?« Bloß ein Flüstern. Ich konnte plötzlich nicht mehr atmen.

»In die Pappelallee.« Sie strich sich mit der gespreizten Linken das Haar aus der Stirn, während die Rechte den Koffer aufs Bett wuchtete. »Ich habe eine Wohnung für uns gefunden.« Ihre Stimme war laut und hart.

»Und Vati?«

»Der wird nicht mehr bei uns wohnen.« Sie riss den Kofferdeckel auf und begann, Wäsche in den Koffer zu stapeln. »Wir müssen jetzt packen, Ruth!«

»Und Vati bleibt hier?«

»Vati zieht ... woandershin.« Ihr Ton war eisig, aber ich hörte die Tränen unter der brüchigen Kruste. »Wir haben das so entschieden, weil es für euch das Beste ist, Ruth! Für dich und für Eddi. Weil wir wollen, dass ihr beide überlebt. Diesen furchtbaren Krieg ... und ... alles andere auch.« Sie wendete sich abrupt dem Schrank zu. »Und jetzt mach's mir bitte nicht so schwer, sondern geh endlich, und pack deine Sachen!«

Die neue Wohnung in der Pappelallee 77 lag parterre im ersten Hinterhof. Sie bestand aus einem großen Zimmer, einer schmalen Berliner Küche und – immerhin – einer eigenen

Toilette. Ein Bad gab es nicht. Die Räume hatten noch nie einen Sonnenstrahl gesehen. Für mich, die den größten Teil des Lebens in einem freistehenden Haus direkt am Waldrand verbracht hatte, fühlte sich das lichtlose Loch wie ein Gefängnis an. Ich wollte hier sowieso nicht sein. Und die Wohnung hieß mich nicht willkommen.

Am nächsten Tag brachte ein Möbelwagen zwei Betten, eine Schlafcouch, einen Tisch, drei Stühle und eine Kommode aus unserer alten Wohnung. Nur das Allernötigste. Wir wollten uns hier nicht auf Dauer einrichten. Mutti baute uns noch eine improvisierte Kleiderablage mit einem Vorhang davor. Und fertig war der Lack.

Später stellte sich heraus, dass in den Häuserblocks rund um unser behelfsmäßiges neues Zuhause größtenteils Kommunisten wohnten. In dieser Hinsicht hatten wir es eigentlich recht gut getroffen. Die neuen Nachbarn würden uns sicher nicht anschwärzen. Günstig war auch, dass Muttis ältere Schwester Grete nicht allzu weit entfernt in der Scherenbergstraße wohnte. Sie konnte sich nun ab und zu um Eddi kümmern, damit sie nicht so lange in der Wohnung allein bleiben musste.

Tante Grete war Beamtin. Ich weiß nicht, ob es wirklich ein Gesetz gab, das es ihr verbot, Juden bei sich zu Hause zu empfangen. Aber Tante Grete fürchtete sehr um ihren Ruf als »gute« Nationalsozialistin – und natürlich um ihren sicheren Arbeitsplatz. Mit Eddi war das kein Problem, denn die war erst fünf und nicht als »Geltungsjüdin« zu erkennen. Aber ich musste jedes Mal den Stern abmachen, wenn wir zu Tante Grete gingen. Inzwischen befestigte ich ihn nur noch an den Ecken etwas gründlicher, denn die durften auf keinen Fall flattern. Ansonsten setzte ich lange, provisorische Stiche. So konnte ich den Stern bei Bedarf schnell mal abtrennen. Zum Beispiel, wenn wir mit der Bahn irgendwo hinfuhren. Seit April 1942 war es Juden laut Verordnung nicht mehr erlaubt, die öffentlichen Verkehrsmittel zu benutzen. Für bestimmte unumgängliche Fahrten, zur Schule oder zur Arbeit, wurden Sonderausweise ausgestellt. Aber »Vergnügungsfahrten« waren strikt untersagt. Ich fuhr jetzt häufiger ohne Stern. Aber es war riskant. Ich kannte die Berichte über Juden, die ohne Stern und Ausweis in eine Razzia geraten waren. Man hatte sie in die Große Hamburger Straße gebracht

*Eine Vorladung in die Burgstraße, wo sich das »Judenreferat«
der Gestapo befand*

und von dort aus gleich abtransportiert in eines der Lager. Es gab eine Menge solcher Fälle.

Meinen Vati sah ich jetzt bloß noch alle vierzehn Tage. Wir trafen uns bei seinem jüngsten Bruder, meinem Onkel Albert, in der Danziger Straße. Das war für mich, als würde eine tiefe Wunde immer und immer wieder aufgerissen. Obwohl Mutti und Vati mir jedes Mal versicherten, dass diese Trennung nur vorübergehend sein müsse. Nur so lange, bis es für uns nicht

Eine Vorladung in die Große Hamburger Straße 26,
Jüdische Meldestelle

mehr so gefährlich wäre. Aber wer wusste schon, wann das
sein würde? Wir lagen uns in den Armen und haben nur geweint. Vati hat geweint. Mutti hat geweint. Und Eddi und
ich, wir haben auch geweint.

Mutti hatte als Bügelunterlage eine zusammengefaltete Woll-
decke auf den Tisch gelegt. Es zischte, als sie das heiße Eisen
auf den feuchten Bügellappen drückte.

»Du lieber Himmel«, murmelte sie, »dieses Kleid ist ja schon richtig fadenscheinig.« Dampf stieg auf. »Mach uns doch mal 'n bisschen Luft, Ruth.«

Ich legte mein Stopfzeug beiseite. Der Fenstergriff war lose. Man musste aufpassen, dass er beim Drehen nicht abfiel. Dafür klemmte das Fenster. Ich krallte die Fingerspitzen in die Ritze und zog aus Leibeskräften.

Eddi brachte gerade mit großer Umsicht ihre Puppe zu Bett. »So. Und jetzt machst du die Augen zu«, flüsterte sie, »und träumst was Schönes.«

Draußen im Hof war es viel wärmer als in der Wohnung. Anfang September brannte die Sonne auf die Stadt. Doch beide waren endlos weit von unserem dunklen Hinterhof entfernt. Ich hörte das Klappern von Absätzen.

»Mensch, da kommt Tante Hertha!« Muttis jüngere Schwester, die Handballerin.

»Ach nein, Ruthchen. Die ist doch jetzt noch bei Machnow. Die muss doch arbeiten.«

»Na, dann guck doch selbst!«

Die Tante hatte es so eilig, dass ihr beinahe der Sommerhut vom Kopf segelte. Sie drückte ihn fest und winkte mir mit der anderen Hand. An ihrer Ellenbeuge schaukelte die Handtasche. Ich rannte zur Haustür.

»Hab schlechte Nachrichten«, keuchte Hertha. »Hab's gerade eben erfahren.«

»Was denn?« Eddi stand plötzlich hinter mir, die Augen weit aufgerissen.

Mutti fuhr sich mit der Hand an die Wange. »Jetzt sag schon, Hertha!«

»Eure Großeltern haben Bescheid bekommen, dass sie abgeholt werden.« Sie schaute mich an, schaute Eddi an. Wühlte aufgeregt in ihrer Handtasche. »Sie kommen nach Theresienstadt.«

»Das ist ... ein Arbeitslager«, sagte Mutti.

»Ja, glaub schon. Ich dachte, wir gehen uns verabschieden ...«

»Sie bringen die alten Leute in ein Arbeitslager?«

Das klang ratlos. Irritiert. Ungläubig. Misstrauisch. Ich sah Mutti an und biss mir auf die Lippen. Ihre Unruhe sprang auf mich über.

»Welche Arbeit könnten sie denn in ihrem Alter noch leisten?« Sie fuhr sich mit der gespreizten Hand durchs Haar. Schüttelte hilflos den Kopf. »Der blinde Großvater. Was könnte er dort noch tun?«

»Elly!« Eine Warnung, unterstrichen durch Stirnrunzeln, durch ein Heben der Augenbraue. Nicht vor den Kindern! Ich kannte die Geste. Und stutzte. Wie war das gemeint? Aber der ziehende Schmerz in den Eingeweiden war größer. Die Großeltern würden abgeholt werden. Weggebracht. Nach Theresienstadt? Wo war das? Auf jeden Fall weit weg. Es würde so sein, als hätte ich keine Großeltern mehr. Als würde der Kern aus unserer Familie herausgeschnitten. Und was blieb dann noch? Wie konnten wir leben, wenn uns die Mitte fehlte?

»Hier! Hier sind sie ja!« Hertha hatte endlich gefunden, was sie in ihrer Tasche gesucht hatte: drei dicke Zigarren. »Die hab ich für euren Opa abgezweigt.« Sie lächelte uns zu, Eddi und mir. »Weil er sie doch so gern raucht. Und das sind richtig gute! Die bringen wir ihm jetzt.« Sie legte mir den Arm um die Schultern und drückte mich. Bückte sich zu Eddi und schmatzte ihr einen Kuss auf die Wange. »Da wird er sich freuen, der Opa.«

Laut Nazi-Gesetzgebung konnten Juden ab dem vierzehnten Lebensjahr zur Zwangsarbeit verpflichtet werden. Der Dienstverpflichtungsbescheid traf passgenau zu meinem vierzehnten Geburtstag am 8. September 1942 ein. Darin wurde ich der Uniformfabrik Michalski in der Großen Frankfurter Allee zugeteilt. Der Betrieb wirtschaftete hauptsächlich mit Fremdarbeitern aus den »Ostgebieten«. Zu meiner größten Überraschung traf ich dort meine Schulkameradin Elisabeth Falkenstein wieder. Ein schönes Mädchen mit strahlend blauen Augen und langem Blondhaar. Wir wurden nebeneinander an zwei Industrienähmaschinen gesetzt, die große Blonde neben die kleine Schwarze, und hatten gebrauchte Uniformen auszubessern. Noch jünger als wir waren im Betrieb nur die Babys, die einige der Fremdarbeiterinnen mit zur Arbeit brachten. Die Kleinen lagen in den Stoffablagen, während die Nähmaschinen ihnen ein Schlaflied surrten. OST stand auf den Blusenaufnähern der

Mit meiner Schwester Eddi. Das Foto wurde beim Fotografen angefertigt. Vati bekam es 1942, als wir bereits getrennt lebten, von uns zu Weihnachten geschenkt

Ukrainerinnen, *P* auf denen der Polinnen. Hier und da sah man einen gelben Stern.

Der Chef der Firma trug das Parteiabzeichen der NSDAP.

»Weil er muss«, erklärte mir eine Kollegin. »Sonst könnta hier nich Chef sein.«

»Ist aber kein Nazi«, sagte eine der Russinnen. »Ist guter Chef.«

Das fand ich tröstlich.

»Und die blonde Wilma da drüben ...« Die Kollegin deutete auf die Vorarbeiterin, die Elisabeth gerade zeigte, wie man neues Garn in die Nähmaschine einlegte. »Det is die Jeliebte vom Chef. Mit der stellste dir jut, denn is allet in Ordnung.«

»Ist aber gute Frau«, raunte die Russin. »Brauchst du nicht Angst haben, Ruth.«

»Nur wenn die Sau-Nazis 'ne Kontrollkommission durchschicken«, flüsterte die Kollegin, »denn muss allet korrekt sein, mit Arm hoch und Heil Hitler und so weiter. Denn isset manchmal jefährlich. Musste uffpassen!«

»Ist auch nicht soo schlimm«, sagte die Russin.

Aber plötzlich glaubte ich ihr nicht mehr so richtig.

Die Arbeit selbst war alles andere als angenehm. Die Uniformen, die wir auszubessern hatten, kamen direkt von der Front und aus den Lazaretten. Angeblich waren die gründlich gereinigt worden, bevor man sie zur Schneiderei schickte. Aber meine Nase sagte etwas anderes. »Da hat eener 'n Wasserschlauch druffjehalten«, sagte die Kollegin, »denn is der grobe Schmutz weg und det Blut nich mehr so zu sehen. Aber Waschpulver ham die nich jekannt.« Einmal fanden wir sogar gefüllte Präservative in den Hosentaschen.

Unsere Aufgabe bestand darin, Schäden festzustellen und auszubessern. Risse wurden zugenäht. Auf Brandlöcher setzten wir Flicken. Wenn ein ganzes Hosenbein fehlte, wurde aus zwei halben Hosen eine ganze gemacht, auch wenn sie manchmal nicht exakt dieselbe Größe hatten. Die Vorarbeiterin kontrollierte unsere Arbeit.

Bezahlt wurde das alles ganz miserabel. Der Stundenlohn betrug nur einige Pfennige. Aber ich hatte inzwischen gelernt, es als ein Privileg zu betrachten, dass ich nach der Arbeit heimgehen konnte zu Mutti und Eddi. Dass ich nachts in meinem eigenen Bett schlafen durfte. Und dass ich immerhin noch so etwas Ähnliches wie ein Zuhause hatte. Von meinen Verwandten väterlicherseits wurde jetzt einer nach dem anderen abgeholt.

9

Was ich da gesehen habe, diesen Blick ... von der Helga, das war Angst. Ganz klar. Man konnte das da auch spüren. In dem Haus. Und in dem Hof. Die Menschen da ... alle ... die hatten alle Angst. Und das hat sich dann natürlich ganz schnell übertragen.

Es war schon schlimm genug, dass wir uns in der Pappelallee einfach nicht einleben konnten. Dass es uns so schwerfiel, uns dort wohl zu fühlen. Wenn Eddi zum hundertsten Mal ihre Puppe auszog und schlafen legte, redete sie oft mit ihrer Freundin, die in Hohen Neuendorf geblieben war. Es klang immer ein bisschen traurig. Mutti hörte sich das an und sagte nichts. Manchmal nahm sie Eddi in den Arm und drückte sie ein bisschen. In der Pappelallee gab es keine Spielkameraden für sie. Bei Fliegeralarm durften wir nicht mal in den Luftschutzkeller des Hauses, denn der war *Für Juden verboten.* Es gab nur uns drei und Tante Grete in der Scherenbergstraße.

Noch viel schlimmer war allerdings, dass wir uns hier auch nicht mehr sicher fühlten. Von den jüdischen Verwandten war inzwischen kaum noch jemand da. Und wir wussten, dass die Nazis bei »Geltungsjuden« keinen Unterschied machten.

»Euch jetzt hier allein zu lassen, das ist mir zu heikel«, sagte Mutti. »Das möchte ich nicht.« Sie biss sich auf die Unterlippe, überlegte. »Aber euch mitzunehmen zur Kartenstelle, das möchte ich auch nicht. Das ist mir nicht geheuer.« Sie schüttelte den Kopf und fasste einen Entschluss. »Geht mal lieber zur Tante Grete. Ich besorge uns die Lebensmittelkarten, und dann hol ich euch ab.«

»Zur Tante Grete?«, fragte ich. »Da muss ich ja wieder den Stern abmachen.«

»Na ja, dann machst du ihn eben ab«, seufzte Mutti. »Macht das noch einen Unterschied?«

So kam es, dass ich mit Eddi an Tante Gretes Küchentisch saß und Schwarzer Peter spielte, als es an der Wohnungstür klingelte.

»Das wird eure Mutti sein.« Die Tante stand auf, ging in den Flur. Dielen knarrten unter ihren Schritten. Jetzt hörte ich die Türklinke, dann die Tür, die beim Öffnen leise in den Angeln quietschte. Plötzlich zog Tante Grete scharf die Luft ein. »Nanu!« Ihre Stimme vor Schreck ganz heiser. »Wer …«

Da traten die beiden Männer auch schon in die Küche.

»Wo sind die Kinder?«, fragte der eine. Sah uns. Lächelte. Hinter seiner hohen Schulter reckte sich Muttis ängstliches Gesicht.

Sie trugen beide diese furchtbaren schwarzen Stiefel, schwarze Hosen und lange schwarze Mäntel. Der eine hatte ein blondes Hitlerbärtchen. Gehörten sie zur Gestapo? Zur SS? Oder beides zusammen? Jedenfalls flößten sie mir allein durch ihr Auftreten schon entsetzliche Angst ein.

»Da sind sie«, sagte Mutti und deutete auf uns, Eddi und mich. »Sie haben gesagt, Sie müssten die Kinder sehen. Also bitte, da sitzen sie. Es sind echte, lebendige Kinder, die Nahrung benötigen. Bitte geben Sie mir jetzt die Lebensmittelkarten.«

»Tut mir leid«, sagte das Hitlerbärtchen, »das kann ich nicht. Sie müssen mitkommen.« Dabei sah er ganz und gar nicht aus, als ob ihm etwas leid täte. »Alle drei!« Das Letzte kam im Befehlston.

Tante Grete war nicht inbegriffen. Sie machte entsetzt zwei Schritte rückwärts.

»Mitkommen?«, wiederholte Mutti. »Aber wohin denn mitkommen?«

Plötzlich wurde uns allen ganz merkwürdig. Eddi guckte mit großen Augen von mir zu Mutti und zu Tante Grete. Mutti stand die Panik ins Gesicht geschrieben. Und mir floss gerade sämtliche Kraft aus dem Leib. Wenn ich jetzt aufstehe, dachte ich, schlage ich bestimmt der Länge nach auf die Dielen.

»Sorgen Sie dafür, dass die Kinder sich anziehen!«, schnauzte das Hitlerbärtchen. »Wir haben es eilig.«

Im nächsten Augenblick traten wir bereits auf die Straße

hinaus, wo ein PKW wartete. Wir wurden zu dritt auf die Rückbank gepfercht. Los ging die Fahrt.

Tante Grete blieb allein zurück.

»Wo bringen Sie uns hin?!« Muttis Stimme klang schrill.

Von vorn kam keine Antwort.

Trotzdem wussten wir, welches Ziel der Wagen ansteuerte. Wir wussten es nur zu gut. Alle diese Fahrten endeten in der Großen Hamburger Straße 26, dem ehemaligen Altenheim am jüdischen Friedhof, den die Nazis jetzt als Sportplatz für sich selbst und als Gefängnishof für ihre Deportationen in die Konzentrationslager nutzten.

Schon von weitem sahen wir die Lastwagen vor dem Eingang, vollgestopft mit Menschen. Es waren vor allem Alte und Gebrechliche. Sie hatten die letzten Reste der jüdischen Bevölkerung Berlins von ihren Krankenlagern geholt, so kam es mir vor. Jetzt wurden die Siechen, einer nach dem anderen, von der Ladefläche des LKWs gehoben. Einige saßen in Rollstühlen, andere lagen auf behelfsmäßigen Feldtragen. An den bewaffneten Posten vorbei wurden sie in das Sammellager gebracht. Ich musste an Tante Frieda denken, die trotz Rollstuhls das Obst im Garten meiner Großeltern gesammelt und verarbeitet hatte. Auch sie war eines Tages abgeholt worden.

Wir stiegen aus dem Auto. Es kam mir vor, als wären wir die einzigen Juden weit und breit, die noch normal laufen konnten. Ich tastete nach Muttis Hand, drückte mich an sie. Eddi klammerte sich an ihre andere Seite. In meinem Bauch rumorte es. Das Hitlerbärtchen führte uns zu dem Posten, der den Eingang bewachte. Redete mit ihm.

»Die Kinder gehen rein! Sie bleiben draußen!«, befahl der Mann barsch.

»Kommt gar nicht in Frage!«, protestierte Mutti. Ich spürte, wie ihre Hand sich fester um meine schloss. Direkt vor mir schleppte sich ein Alter auf Krücken durch die Toreinfahrt in den gepflasterten Hof. Drinnen sah ich Menschen mit ängstlichen Gesichtern.

»Ohne meine Kinder gehe ich hier nicht weg!«, erklärte Mutti.

»Na, *mit* Ihr'n Kindern aber auch nicht!«, konterte der Posten patzig.

»Dann werde ich mit reingehen«, sagte Mutti.

»Ganz wie Sie wünschen.« Er wies ihr mit kühler Geste den Weg. »Gleich hier im Vorderhaus die Treppe hoch. Da werden die ungeklärten Fälle gesammelt.«

Muttis Hand hielt mich fest. All die grauen Gesichter! Eines davon war mir vertraut. Das war doch Helga! Tatsächlich! Meine Freundin Helga, mit der ich jahrelang in eine Klasse gegangen war. Helga, die ich zuletzt im vergangenen Sommer auf dem Friedhof in Weißensee gesehen hatte, beim Jäten und Harken. Mit ihrer Mutter betrat sie die Toreinfahrt. Ich sah Helga, und sie sah mich. Ganz deutlich war das Erkennen in ihren Augen. Aber ihr Gesicht erschien mir im dämmrigen Licht der Einfahrt seltsam unwirklich. Für einen Augenblick schauten wir uns an. Es fiel kein Wort. Doch das, was ich sah, dieser Blick, das war Angst. Ich konnte es spüren. In diesem Haus. In diesem Hof. Es übertrug sich auf mich. Helga wurde mit ihrer Mutter in den Hof geführt. Sie gruppierte sich zu den Wartenden. Und ich wusste, wer einmal dort angekommen ist, für den ist es zu spät. Für den gibt es kein Zurück mehr. Ein letzter Blick.
Dann stiegen wir die Treppe hinauf ins Hochparterre.
»Warten Sie hier!«, herrschte uns ein Uniformierter an.
Auf dem Treppenabsatz hatte sich ein trauriges Häuflein zusammengeschart. Hier gab es zwei geschlossene Türen. Wir standen dicht an dicht vor dem Fenster und malten uns aus, was passieren könnte. Überall Menschen mit gebeugten Rücken, hängenden Schultern. Gesichtern voller Ungewissheit. Wir warteten auf Gedeih und Verderb. Hektik erfüllte den Raum. Die verhassten schwarzen Uniformen hatten viel zu tun. Sie kamen mit ihrer Buchführung nicht nach.
Jetzt polterte ein SS-Lümmel eilig die Stufen herunter, ein junger Mensch von vielleicht achtzehn Jahren. Er schaute auf das Gedränge am Fuß der Treppe, auf die Menschen, die hastig vor seiner Aufgeblasenheit zurückwichen. Eine Gasse bildeten. Wir waren seit Jahren darauf geeicht, ihren Uniformen Respekt zu zollen. Damit sie uns in Ruhe ließen. Wir drängten uns zusammen, spürten einer den Körper des anderen, so dass ein Weg entstand. Ein breiter Weg. Und trotzdem! Trotzdem hob dieser Bengel sein Gewehr und schlug meiner kleinen, fünfjährigen Eddi den Kolben auf den Kopf.

Warum? Warum nur? Sie hatte ganz ruhig neben mir gestanden, hatte ihn nicht mal angeschaut. Die Gasse auf dem Treppenabsatz wäre breit genug gewesen für drei von seiner Art.

Erst nach dem Hieb sah sie zu dem Schläger auf. Ich konnte sehen, wie sie die Zähne zusammenbiss, um den Schmerz zu vertreiben. Aber sie weinte nicht. Der Bengel rannte weiter, die Treppe hinunter. Ob ihm seine Bosheit Befriedigung verschafft hatte? Ob er überhaupt noch begriff, was er tat, wenn er ein hilfloses kleines Mädchen prügelte?

Eddi drehte sich zu Mutti und drückte das Gesicht gegen ihren Schoß. Mutti bückte sich und tröstete sie. Drückte einen Kuss auf die schmerzende Stelle. Redete leise auf sie ein.

Ringsum waren die Blicke noch ängstlicher geworden. Eine Frau mit einem Kinderwagen mühte sich die Stufen hoch. »Könnten Sie vielleicht mal anfassen? Sehr nett, danke.« Drei Kinder folgten ihr. Immer mehr Menschen drängten sich auf dem Treppenabsatz. Es ging nicht voran. Der zuständige Uniformierte geriet durch den Ansturm sichtlich unter Druck.

»Warum sind Sie hier?«, herrschte er Mutti an, trommelte mit dem Federhalter auf sein Klemmbrett und zog dabei die Nase hoch.

»Ich wollte Lebensmittelkarten für meine Kinder holen ...« Sie fasste die Ereignisse zusammen, doch der Mann hörte kaum zu. Angesichts der Masse hinter uns fiel es ihm schwer, den Blick auf mich und Eddi zu konzentrieren.

»Was sind denn Ihre Kinder blutsmäßig?«, fragte er plötzlich, runzelte die Stirn und musterte uns abschätzig. Ich stand neben Eddi und fühlte mich entsetzlich unwohl. Die Masse scharrte mit den Füßen. Da begriff auch Mutti. Sie sah die leere Stelle auf meinem Mantel, wo eigentlich der gelbe Stern sein sollte. Ich hatte ihn Tante Grete zuliebe abgemacht.

»Na, blutsmäßig sind meine Kinder ›Mischlinge ersten Grades‹«, sagte Mutti prompt.

»Aha«, machte der Uniformierte. In seiner Stimme schwangen Zweifel. »Zeigen Sie mal die Papiere!«

»Aber ich sage Ihnen doch, wir mussten Hals über Kopf ...« Ihr ging die Luft aus. Die Hand, die mich festhielt, zitterte.

»Wir hatten gar keine Möglichkeit, die Papiere ...«

Er schnitt ihr das Wort ab. »Jaja, schon gut.« Wieder zog er die Nase hoch. »Das lässt sich jetzt nicht überprüfen.« Hinter uns ging eine Woge durch die Menge. Der Treppenabsatz wurde langsam zu eng für uns alle.

»Und Sie?«, fuhr er die Frau mit dem Kinderwagen an. »Was ist das hier alles?« Er deutete mit einem verächtlichen Schwung des Federhalters auf die drei Kinder, die sich im Gedränge an den Wagen mit dem Säugling drückten. Zwei von ihnen, ein Junge und ein Mädchen, trugen Jungvolkuniformen. Ein kleinerer Junge hatte den gelben Stern auf seiner Jacke. »Was für ein Durcheinander! Das ist doch ... Erklärung! Los, los!«

»Det is bloß ...« Die Frau musste sich räuspern, weil ihr die Stimme versagte. »Die beeden Jroßen sind ja noch aus erster Ehe ... und denn ... der Mittlere, det is ...«

»Machense Platz! Machense Platz!«, fuhr der Uniformierte unvermittelt dazwischen, Zorn in der Stimme. »Man kommt ja nicht mehr durch hier!« Die Wartenden wichen auf die Stufen zurück. Von unten drängten weitere nach. Das Scharren der Schuhe schwoll zu einem Geklapper an.

»Na, und der janz Kleene, der is ja von mei'm letzten Mann«, schloss die Frau. »Deswejen is det so 'n Mischmasch bei mir.«

Der Uniformierte starrte sie an, trommelte auf sein Klemmbrett. Da öffnete sich eine der beiden Türen. »Was bringt ihr mir denn noch alles an?!«, brüllte er, als eine schwarze Uniform heraustrat, die weitere ängstliche Gesichter vor sich herschob.

Die Frau fuhr zusammen. Und Mutti zuckte ebenfalls.

»Mir reicht's jetzt! Dieses ganze Gesockse will ich hier raushaben!« Seine Stimme überschlug sich. »Passierscheine ausstellen für ... drei, vier, fünf ...« Er zählte hastig unsere Köpfe. »... für acht Personen. Sofort! Und dann raus hier, verstanden! Ich will euch hier nicht mehr sehen mit euren verdammten Kindern!«

Noch niemals war die Luft so frisch gewesen, die Freiheit trotz des Häusermeers so deutlich spürbar. Muttis Wangen glühten. »Wo sollen wir denn jetzt hin?«, murmelte sie. »Was machen wir denn jetzt?« Sie biss sich auf die Lippen, zog uns an sich und streichelte uns die Wangen, zuerst Eddi, dann mir, dann wieder Eddi. »Ich bin so froh!« Sie seufzte. »So froh, dass wir alle drei da wieder heil raus sind!« Jetzt griff sie unsere Hände und brachte uns ordentlich auf Trab. »Wir gehen zu Tante Hertha ins Geschäft«, sagte sie. »Das wird das Beste sein. Wir gehn erst mal zu Hertha, und dann sehen wir weiter.«

Fahrradgroßhandel Machnow stand über der Eingangspforte in der Weinmeisterstraße. Tante Hertha war hier Geschäftsführerin. Und wir waren auch nicht unbekannt, denn Machnows hatten eine Tochter, etwas älter als ich, deren abgelegte Fahrräder ich früher immer bekommen hatte. Als Juden noch Fahrräder besitzen durften.

»Setzt euch, Kinder! Setzt euch hin!« Die Aufregung sprang wie ein Funke auf Hertha über. Genau wie die unendliche Erleichterung. Sie bugsierte uns alle drei auf die Schreibtischplatte – »Setzt euch, setzt euch!« – und begann, in der Schublade zu wühlen.

In meinen Adern rauschte immer noch das Adrenalin. Aber jetzt, wo ich mit den Beinen baumeln konnte, machte sich auch Erschöpfung breit. Der Schock hatte einen tiefen Eindruck hinterlassen. Tante Hertha stopfte ihn mit Pralinen. Eine für Eddi, eine für Ruth, eine für Elly und eine für Hertha. »Beste Ware. Die haben mitten im Krieg nur die wenigsten«, sagte sie. »Immer rein damit! Das beruhigt die Nerven.«

Ich war furchtbar durstig und hätte viel lieber erst mal etwas getrunken, aber Tante Hertha schob mir bereits das nächste Konfektstückchen in den Mund.

»Mensch, ich muss euch doch was Gutes tun. Nach diesem Erlebnis!« Sie tätschelte Muttis Knie. »Das hast du gut gemacht, Elly! Wirklich gut!«

Mutti lächelte dünn.

»Aber damit ist es wohl noch nicht ausgestanden, was?«

»Nein«, sagte Mutti.

»Die wissen, wo ihr wohnt«, fügte Hertha besorgt hinzu.

»Ich will da nicht mehr hin!« Mein Fuß donnerte an den Schreibtisch. Nicht absichtlich, sondern vor Aufregung. »Ich will nicht mehr in die Pappelallee!«

Beide Erwachsenen schauten mich plötzlich an. Tante Hertha stopfte mir eine weitere Praline in den Mund. »Jetzt beruhige dich erst mal, Ruthchen.«

»Aber sie hat recht«, sagte Mutti. »Ruth und ich, wir müssen tagsüber zur Arbeit. Ich kann Eddi nicht mehr alleine in dieser Wohnung lassen.«

»Und wenn ich nicht zur Arbeit muss, will ich trotzdem nicht mit Eddi dort alleine sein!«, erklärte ich. »Ich kann mich doch gegen die nicht wehren!«

»Musst du auch nicht, Ruthchen«, versprach Mutti.

»Wenn die uns holen kommen und du bist nicht dabei, Mutti, dann bringen sie uns dahin, wo Helga hinmusste!«

»Ich weiß, Ruthchen.«

»Na, was wollt ihr denn aber sonst machen?«, fragte Tante Hertha.

»Wir müssen uns eben was einfallen lassen«, sagte Mutti. »Hast du noch 'ne Praline? Das bringt meine grauen Zellen wieder auf Trab.«

Die »Abholungen«, die die Nazis durchführten, fanden immer in Wellen statt. Wir Juden wussten, dass den Aktionen bestimmte strategische Muster zugrunde lagen. Aber welche? Vielleicht gingen sie dabei nach Stadtvierteln vor, nach Straßen oder nach den Anfangsbuchstaben der Nachnamen. Die Muster waren uns nicht bekannt. Aber wir wussten, dass es immer eine Zeitlang sehr gefährlich für uns war und dass die Gefahr dann wieder abflaute. Nach einer gewissen Frist wurden die Abholungsaktionen für beendet erklärt. Danach blieb man, trotz gelben Sterns, wieder ein Weilchen unbehelligt. Diesmal standen Eddi und ich auf der Liste. Es war offensichtlich, dass die Männer von der Gestapo in der Kartenausgabestelle auf uns gewartet hatten.

Damals wusste ich nicht, dass bereits Wochen vorher eine Vorladung der Geheimen Staatspolizei, Staatspolizeileitstelle Berlin, für mich eingetroffen war. Ich fand das Dokument Jahrzehnte später in Muttis Unterlagen. Darin heißt es: *Zur Erörterung in eigener Angelegenheit ersuche ich Sie – erneut –, am Dienstag, dem 16. Januar 1943, in der Zeit zwischen 8 und 9 Uhr [im ...] Berlin C.2, Burgstraße 28 auf Zimmer 332, Stockwerk III, unter Vorzeigung dieser Vorladung zu erscheinen. Ich bitte mitzubringen: Ausweispapiere über Ihre Person.*

Sollten Sie Ihren Aufenthalt in der Zwischenzeit nach außerhalb verlegen, wird um Rücksendung der Vorladung unter Angabe des neuen Aufenthaltsortes gebeten. Das Schreiben ist mit dem Kürzel *Ex* unterzeichnet, bleibt also für den Empfänger anonym. Der Einschub *erneut*, der hier nicht ausgestrichen wurde, scheint darauf hinzuweisen, dass es vorher mindestens eine weitere Vorladung gegeben haben muss.

Vermutlich war meine Mutter darüber informiert, dass sich in der Burgstraße 28 das Judenreferat der Gestapo befand. Es organisierte die Verhaftung und Verschleppung der Berliner Juden in die Konzentrationslager. Die Burgstraße war berüchtigt, denn die hierher Vorgeladenen kehrten in der Regel nicht mehr zurück. Im Keller des Gebäudes befand sich ein sogenanntes »Schutzgefängnis«. Wen die Gestapo hier »bewahrte«, der wurde anschließend deportiert.

Mutti muss die Gefahr, die ihren Kindern drohte, damals wesentlich bewusster gewesen sein als uns. Sie hat ihre Sorge vor uns verheimlicht, um uns zu schützen. Mir gingen erst nach unserem Erlebnis in der Großen Hamburger Straße die Augen auf. Dort waren wir noch einmal davongekommen, aber das beruhte letztendlich nur auf einem Versehen. In den offiziellen Unterlagen wurden wir weiterhin als »Geltungsjuden« geführt. Die Abholungstrupps würden weiter nach uns suchen.

Dies bestätigt eine weitere Vorladung, die ebenfalls aus den Akten meiner Mutter stammt. Diesmal wurde ich für den 9. April 1943 direkt in die Jüdische Meldestelle in der Großen Hamburger Straße 26 bestellt. Das maschinengetippte Dokument enthält hinter der Anweisung *Es sind mitzubringen: sämtliche Ausweispapiere über ihre Person* noch den handschriftlichen Zusatz *Und Ihre Schwester Esther Sara u. Kennkarten.*

Mutti hat mir von diesem Schreiben, das sie im Briefkasten unserer Wohnung in der Pappelallee vorgefunden haben muss, nichts erzählt. Und natürlich bin ich der Vorladung niemals nachgekommen.

»Tja, wo könnten wir euch unterbringen?«, überlegte Tante Hertha. »Wo, wo, wo?«

»Gut wäre eine Laubenkolonie«, sagte Mutti. »Da sind

schon viele untergekommen, die nicht gefunden werden wollen.«

»Aber wen kennen wir, der eine Laube hat?«, murmelte Hertha. Jetzt erhellte sich ihre Miene. »Schlüters haben eine! Da ruf ich gleich mal an.« Sie langte zum Telefonhörer, wurde offenbar gleich mit dem Richtigen verbunden, redete ein Weilchen. Leise und eindringlich.

»Bei Schlüters geht's leider nicht«, sagte sie dann kopfschüttelnd. »Wegen der Nachbarn.«

Mutti biss sich auf die Lippen. »Wie wär's denn bei Gerda?«

»Sind die nicht selbst gerade ausgebombt?«

»Ach ja, richtig.« Sie knackte geräuschvoll eine Krokantkugel. »Wie ist es mit Homanns?«

Hertha nickte. »Fragen wir doch mal nach.«

Sie telefonierte. Wieder ohne Erfolg.

»Oje, oje, was machen wir bloß mit euch?«

Für einen Augenblick war es ganz still im Büro. Mutti hatte die Stirn in tiefe Falten gelegt. Eddi neben mir wirkte vollkommen abwesend, während sie mit geschlossenen Augen an einer Praline lutschte. Herthas Fingerspitzen trommelten auf den Telefonhörer.

»Sag mal, Elly ...« Sie zögerte.

»Was denn? Weißt du noch jemanden?«

»Wie wär's denn mit dem freundlichen Herrn von der Krankenkasse? Wie hieß er noch gleich ...«

»Herr Lindenberg?«

»Ja, der«, nickte Hertha. »Leo Lindenberg. Den Namen hab ich mir gemerkt.«

»Aber der ist doch Parteigenosse.«

»Na, umso besser!«, sagte Hertha. »Gerade bei so einem würden die euch niemals vermuten. Und er hat doch zu dir gesagt ...«

Mutti fiel ihr ins Wort. »Frau Jacks, hat er gesagt, wenn Sie mal irgendwelche Schwierigkeiten haben und ich kann Ihnen dabei helfen ... also, ich bin jederzeit bereit. Sie können sich auf mich verlassen. Das hat er gesagt.«

»Na, Schwierigkeiten hast du doch wohl genug«, sagte Hertha.

»Aber ich kenne den Mann doch gar nicht!«, protestierte

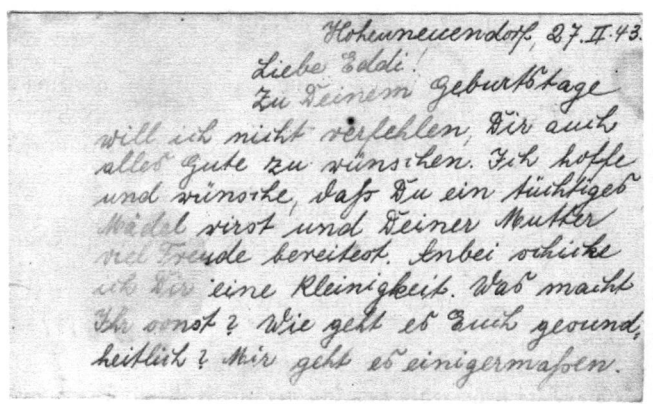

Diese Geburtstagskarte an Eddi schrieb Vati am Tag,
an dem er verhaftet wurde

Mutti. »Und ich bin ziemlich sicher, dass er das nicht ohne Hintergedanken gesagt hat.«

»Aber du hast Schwierigkeiten«, beharrte Hertha.

»Na, ich kann ihn ja mal fragen«, sagte Mutti.

Leo Lindenberg arbeitete bei der Allgemeinen Ortskrankenkasse in der Oranienburger Straße, Berlin-Wittenau. Mutti hatte ihn nach der Geburt meiner Schwester kennengelernt. Er war dort für das »Wochengeld« und das nachfolgende »Stillgeld« zuständig. Jedes Mal, wenn Mutti mit der Kleinen zu ihm kam, um sich den Betrag auszahlen zu lassen, freute sich Herr Lindenberg ganz außerordentlich, gab sich hilfsbereit und sehr charmant. Mutti wusste ziemlich bald, dass dieser in die Jahre gekommene Junggeselle einen Narren an ihr gefressen hatte.

Als sie uns in Wittenau abmeldete, weil wir mit unserem Umzug in die Pappelallee auch einer anderen Geschäftsstelle der Krankenkasse zugeteilt wurden, machte Herr Lindenberg ihr sein außerordentliches Hilfsangebot. Mutti fand das ganz enorm, deshalb hatte sie Tante Hertha davon erzählt. Nun beschlossen die beiden, dass Mutti sofort nach Wittenau zur Krankenkasse fahren sollte, denn telefonisch war Leo Lindenberg nicht zu erreichen.

Aus dem KZ Monowitz schrieb Vati uns drei Postkarten. Dies ist das letzte Lebenszeichen von ihm, das uns erreichte

Ich wartete mit Eddi in Tante Herthas Büro.

Als Mutti zurückkam, war sie bester Laune. »Eine glückliche Fügung! Herr Lindenberg hat nämlich schon seinen Einberufungsbefehl«, berichtete sie uns. »Übermorgen muss er einrücken, und wir können bei ihm einziehen!« Sie strahlte übers ganze Gesicht. »In seine Laube.«

In welchem Berliner Betrieb mein Vati zuletzt arbeitete, weiß ich nicht. Vermutlich war es irgendein Rüstungsunternehmen, in dem die Nazis ihn zur Zwangsarbeit verpflichtet hatten. Ich weiß nur, dass er bei Teichmanns wohnte, in der Waidmannsluster Straße, Hohen Neuendorf. Gerhard, Vatis bester Freund, war vor einigen Jahren beim Sprung ins Wasser an einem Gehirnschlag gestorben. Aber der gute Kontakt zu seiner Familie war erhalten geblieben. Teichmanns hatten hinten auf ihrem Grundstück ein Sommerhäuschen, das sie Vati zur Verfügung gestellt hatten. Er war mit dieser Adresse amtlich nicht gemeldet. Daher gingen alle davon aus, dass die Nazis ihn dort nicht finden würden.

Am Sonnabend, dem 27. Februar 1943, schickte Vati in Hohen Neuendorf ein Päckchen mit Glückwunschkarte ab, das pünktlich am 1. März, Eddis sechstem Geburtstag, in der

Pappelallee eintraf. Mutti hat es dort aus dem Briefkasten geholt.

Liebe Eddi!, schrieb er. *Zu Deinem Geburtstage will ich nicht verfehlen, Dir auch alles Gute zu wünschen. Ich hoffe und wünsche, daß Du ein tüchtiges Mädel wirst und Deiner Mutter viel Freude bereitest. Anbei schicke ich Dir eine Kleinigkeit. Was macht Ihr sonst? Wie geht es Euch gesundheitlich? Mir geht es einigermaßen. Nun wünsche ich dem Geburtstagskinde noch alles Gute und hoffe, daß ihr den Tag recht froh verbringt. Mit vielen Grüßen und Küssen, Dein Vater. An alle Verwandten bitte von mir Grüße zu bestellen.*

Leider weiß ich nicht mehr, welche *Kleinigkeit* für Eddi das Geschenkpäckchen enthielt.

Am selben Tag, am 27. Februar 1943, wurde Vati an seiner Arbeitsstelle festgenommen. Im Zuge der sogenannten »Fabrik-Aktion« verhafteten die Mitarbeiter des »Judenreferats« in der Burgstraße im Februar und März 1943 über zehntausend Berliner Juden. Doch das habe ich jetzt erst erfahren, nach über sechzig Jahren.

Damals überbrachte Onkel Albert uns die schlimme Nachricht. Er hatte es von einem Bekannten erfahren, einem Juden, der in »Mischehe« lebte und als Aufseher in der Jüdischen Meldestelle in der Großen Hamburger Straße 26 dienstverpflichtet worden war. Der Mann hatte Vati gesehen, als er eingeliefert wurde, und er wusste auch, dass man ihn am 2. März zu einem der Transportzüge gebracht hatte. Er wurde nach Monowitz deportiert, einem der Nebenlager des Konzentrationslagers Auschwitz.

Aus Monowitz erreichten uns noch drei Postkarten von Vati. Eine im April, eine im Mai und eine im Juni. Die letzte Karte mit Poststempel vom 5. 6. 43, adressiert an *Frl. Ruth + Esther Jacks*, hat sich erhalten. Darauf schreibt er: *Meine Lieben! Mir geht es gut, wie geht es Euch? Euer Paket mit Brot, Kuchen + Tabak habe ich mit bestem Dank erhalten und habe mich sehr dazu gefreut. Sonst nichts Neues. Herzliche Gratulation für Eure Mutti. Viele Grüße und Küsse, Euer Vater.*

Im Juli 1943 wurde er von den Nazis ermordet.

10

Der Herr Schwethelm war natürlich in der Partei. Ging ja nicht anders. Bademeister konnte man ja nicht sein, also mit jungen Menschen irgendetwas machen, ohne in der Partei zu sein. Und diesem Bademeister hat man nach '45 seine Bademeister-Lizenz abgenommen. Und daran ist der Mann seelisch kaputtgegangen. Der ist ganz schnell ... gestorben. Ist natürlich nicht entnazifiziert worden. War ja keiner da, der für ihn gesprochen hätte. Und wenn ich das gewusst hätte, hätte das bestimmt ausgereicht. Ich hab's aber leider erst erfahren, als er schon tot war.

Die Laube von Leo Lindenberg gehörte zur »Kolonie Einigkeit« in Wittenau. Das kleine Gartengrundstück lag vorn am Eingang des Geländes, in unmittelbarer Nähe zur Oranienburger Straße. Gegenüber befand sich ein Barackenlager, in dem Fremdarbeiterinnen untergebracht waren, hauptsächlich polnische Frauen, die in den umliegenden Industriebetrieben eingesetzt wurden. Die Deutsche Waffen- und Munitionsfabrik war nicht weit, ebenso die Volta-Werke und verschiedene andere Kriegszulieferer. Als Herr Lindenberg uns zu seinem Häuschen führte, nickte er den Fremdarbeiterinnen zu und grüßte auf Polnisch. Wir erfuhren, dass er ursprünglich aus Schneidemühl stammte, damals Pommern, heute Polen. »Ich hab den Frauen gesagt, dass sie über Sommer in meinem Garten das Fallobst einsammeln dürfen«, erklärte er. »Das bessert ihre Essensrationen auf. Na, und mir spart's Arbeit.«
Auch zu uns war er sehr nett. Besonders zu Mutti. Er war elf Jahre älter als sie. Ein großer, sehr schlanker Mann, der mir in seinen eigenen vier Wänden wie ein Riese im Kaninchenbau vorkam. Er brauchte die Arme nicht auszustrecken, um an die Zimmerdecke zu reichen. Die ganze Laube wirkte

wie ein Puppenhaus. Keine Wand maß mehr als zwei Meter fünfzig. Vorn auf der verglasten Veranda stand ein Klavier mit Stuhl, mehr passte nicht hinein. Im Wohnzimmer ein schmales Sofa, ein kleiner Tisch, ein Stuhl, ein eiserner Ofen. Das Fenster war kaum größer als ein Bullauge. Auch in der winzigen Küche befand sich nur das Allernötigste. Im Schlafzimmer ein Bett und ein Kleiderschrank.

»Hier kann eure Mutti schlafen«, sagte Herr Lindenberg. Er richtete die Worte an Eddi, hielt dabei aber Mutti fest im Blick. Sie lächelte. »Und hier schlaft ihr beide.« Seine Hand deutete in das Zimmerchen, das er uns zugedacht hatte. Links das Bett. »Die Matratze ist breit genug.«

Eddi ließ sich gleich nieder und prüfte wippend die Sprungfedern. Es war offensichtlich, dass sie »Onkel Leo« auf Anhieb in ihr Herz geschlossen hatte.

Die andere Hälfte des Zimmerchens füllte ein Harmonium. Unser Gastgeber war sehr musikalisch. Neben den Tasteninstrumenten spielte er auch noch Geige.

»So. Und als Letztes zeig ich euch den Schuppen und meine Hühner«, sagte er. »Die müsst ihr immer schön füttern.«

»Na klar«, sagte Eddi, »das mach ich.«

»Und dann gibt's noch ein paar andere Aufgaben zu erledigen ...«

Den gelben Stern trug ich jetzt nicht mehr. Offiziell waren wir ausgebombt. Falls einer von den Nachbarn irgendwelche Fragen stellte. Unser Wohnhaus in der Stadt hatte eine Luftmine abbekommen, die Wohnung war total kaputt. So weit die Legende. Es gab inzwischen viele Ausgebombte. Deshalb wunderte es keinen mehr, wenn eine Mutter mit zwei Kindern, die Federbetten auf den Rücken geschnallt, in die Laube eines alleinstehenden Mannes einzog. Zumal der ja inzwischen eingerückt war. Aber nicht an die Front, sondern in den Versorgungsbereich. Genaueres wussten wir nicht.

Unser Verhältnis zu den Nachbarn beschränkte sich bisher auf »Guten Tag« und »Frohe Ostern«. Für die waren wir hochnäsige Städter, die bei Regen noch im Laufschritt zum Plumpsklo rannten, um bloß nicht nass zu werden. Von den Nachbarn wurden wir beäugt und belächelt, das war alles. Umso schlimmer, dass ich jetzt mit der Sammelbüchse von

Leo Lindenberg. Das Foto ließ er anfertigen,
als er Soldat wurde

Laube zu Laube pilgern, überall klingeln, klopfen und den
Leuten auf die Pelle rücken sollte. Das war eine der Aufgaben,
die Herr Lindenberg mir auferlegt hatte.
»Ist nichts Besonderes, Ruth. Du sagst einfach: 'ne kleine
Spende für das Winterhilfswerk? Dann stecken sie dir 'n paar
Pfennige in die Büchse, und du hast deine Pflicht erfüllt.«
Er hatte sich die Nase gerieben. »Eigentlich ist das Sammeln
ja meine Aufgabe ...« Und mit gespielter Trauer den Kopf
geschüttelt. »Aber dafür geben die mir leider keinen Heimaturlaub.«
Einmal im Monat sollte ich für die Nazis sammeln. Das hätte
ich mir vorher auch nicht träumen lassen. Auf der Sammelbüchse stand *Leo Lindenberg*. Er war Parteigenosse, gerade
im Einsatz für sein Vaterland. Ich bloß seine namenlose
Stellvertreterin. Was sollte mir schon passieren? Was konnte
mir denn passieren? Ich trug keinen Stern, war ausgebombt,
war ein Kriegskind. Abgeben musste ich die Erträge meiner
Sammlungen nicht. Das würde Herr Lindenberg übernehmen, sobald er tatsächlich Urlaub bekam. Trotzdem saß mir
dieses mulmige Gefühl im Bauch, als ich meine erste Runde
antrat.
Die Haustür war grün gestrichen, die Farbe blätterte schon
ein bisschen ab. Drinnen kläffte ein Hund. Jetzt hörte ich
Schritte. Die Frau trug eine karierte Schürze und glotzte

mich unverhohlen an. Der Hund, den sie am Halsband hielte, tänzelte auf den Hinterbeinen, fletschte die Zähne, geiferte.

»Was denn?«, fuhr die Frau mich an. »Schon wieder WHW?«

Mir war kein Ton über die Lippen gekommen, aber die Sammelbüchse in meiner Hand sprach wohl für sich.

»Du glaubst nicht allen Ernstes, dass ich dem Verein auch noch Geld gebe! Mach, dass du wegkommst! Sonst hetze ich den Hund auf dich!«

Sie knallte mir die Tür fast ins Gesicht. Drinnen geriet der Köter völlig außer sich. Ich nahm die drei Stufen zum Garten in einem Satz und sprintete zum Tor. Die Münzen in meiner Büchse schepperten.

»Wir ham nüscht zu spenden für euch Kriegstreiber!«, herrschte mich drei Lauben weiter ein alter Mann an.

Und eine Mutter, ihr Baby an der Schulter und Spuren von Brei im zerzausten Haar, musterte mich ganz unverhohlen von oben bis unten.

»Dass du ich nicht schämst!«, zischte sie. »Verdammte Nazigöre!«

Wieder rieselte der Mörtel in den Türzargen.

Ich riss fassungslos die Augen auf. »Nazigöre!«, hatte sie mir ins Gesicht gespuckt. Nazigöre! Das war doch ... Ich schüttelte ungläubig den Kopf. Verkniff mir nur mühsam das Kichern.

Vermutlich waren sie bei Herrn Lindenberg sonst zurückhaltender, die neuen Nachbarn. Hatten Respekt vor seinem Parteiabzeichen. Vielleicht auch Angst, dass er sie anschwärzte. Angst vor der Macht. Das machte jeden Nazihasser handzahm. Wenn Lindenberg seine Büchse geschüttelt hatte, war immer brav gespendet worden. Bei mir nahmen sie kein Blatt vor den Mund. Sie schimpften und fluchten und ließen kein gutes Haar an den Nazis.

Als ich von meiner Laubenrunde heimkehrte, war ich bester Laune.

»Na, hast du ordentlich was zusammengekriegt?«, fragte Mutti.

»Nee, so gut wie gar nichts.«

»Ach?«

»Hier wohnen nämlich lauter Kommunisten!« Ich strahlte übers ganze Gesicht. »Die hätten mir fast den Kopf abgerissen. Ist das nicht schön! Hier sind wir vollkommen sicher.«

Dem Einwohnermeldeamt wurde unser Aufenthalt in der Laube nicht mitgeteilt. Offizieller Wohnsitz blieb die Pappelallee 77, obwohl wir uns dort kaum noch aufhielten. Ganz und gar »untertauchen« konnten wir nicht. Mutti ging immer noch regelmäßig zur Lebensmittelkartenstelle. Ohne die Karten hätten wir beim Händler nichts zu essen kaufen können. Muttis Nahrungsrationen reichten trotz Legehühnern und Gemüse aus Lindenbergs Garten bei weitem nicht für uns drei. Bevor sie die Kartenstelle betrat, reckte sie nun jedes Mal den Hals und hielt nach den Uniformen des »Judenreferats« Ausschau. Aber sie entdeckte weder schwarze Stiefel noch Ledermäntel. Die Nazis probierten denselben Trick nicht zweimal.

Ich fuhr jeden Werktag zur Arbeit in die Uniformfabrik. Das war zwar gefährlich, weil die schwarzen Uniformen auch die Betriebe abfischten. Aber es war unumgänglich, wenn ich nicht auffallen wollte. Wäre ich einfach nicht mehr zur Arbeit erschienen, hätte mein Arbeitgeber mich als vermisst melden müssen. Dadurch wäre ich mit großer Wahrscheinlichkeit auf eine Fahndungsliste geraten, die eine gezielte Suche nach mir ausgelöst hätte. Gar nicht gut! Lieber wollte ich »irgendwie durchrutschen«. So hatte ich es mit Mutti beschlossen. Möglichst unauffällig. Als kleines Rädchen im großen Getriebe. Immerhin gab es jetzt nicht mehr so viele Abholungen. Die Deportationszüge fuhren nicht mehr so oft. Aber es wohnten ja auch kaum noch Juden in Berlin.

Eddi blieb tagsüber allein in der Laube. Manchmal ging sie zu einer Nachbarin. Manchmal kam auch meine Tante vorbei, um ihr Gesellschaft zu leisten. Die meiste Zeit war sie ganz auf sich gestellt. Sie fütterte die Hühner. Spielte mit ihrer Puppe. Redete mit ihrer Freundin, die nicht mehr da war. Pflückte Blumen. Und gewöhnte sich an das Alleinsein.

»Er ist Junggeselle, der Herr Lindenberg«, seufzte Mutti. »Das können wir ihm nicht zum Vorwurf machen.« Sie zuckte hilflos die Achseln. »Obwohl das hier ...«

Wir standen in Muttis Schlafzimmer und starrten auf das Unbegreifliche.

»... das geht selbst für einen Junggesellen ziemlich weit!«

»Dass so was überhaupt möglich ist!« Ich schwankte zwischen Ekel und Faszination.

»Tja, das Leben sucht sich immer einen Weg«, sagte Mutti. Es klang nachdenklich.

Seit Wochen mühten wir uns in jeder freien Minute, Herrn Lindenbergs vernachlässigten Haushalt in Schuss zu bringen. Wir wischten und scheuerten, klopften die Polstermöbel, wuschen die Gardinen. Nach und nach hatten wir unseren eigenen Hausrat aus der Pappelallee herangeschafft, hatten Lindenbergs vergraute Handtücher und Bettbezüge gegen unsere ausgetauscht, sein Aluminiumbesteck und die zerbeulten Kochtöpfe in den Schuppen verbannt. Inzwischen roch es schon viel frischer in der Laube. Und es machte einen gemütlicheren Eindruck.

Nur in Muttis Schlafzimmer hing nach wie vor ein merkwürdiger Dunst. Die Luft war feucht. Der Geruch erinnerte desto stärker an Sumpflandschaften, je wärmer es draußen wurde.

»Und manchmal glaub ich fast, es spukt hier drin! Nachts höre ich es plätschern ...«

»Vielleicht ist das Dach undicht?«

»Manchmal blubbert es auch.«

»Oder ein kaputtes Rohr?«

»So was gibt's hier gar nicht, Ruthchen.« Ein tiefer Seufzer. »Keine Kanalisation in Lindenbergs Laube.« Der Fall blieb seltsam und lange Zeit ungelöst.

Aber heute Morgen hatten wir die Wanne ganz hinten unter ihrem Bett entdeckt.

»Mensch, ist die schwer! Kannst du mal mit anfassen?!«

»Die ist ja voller Wasser ...«

»Pass auf, dass es nicht überschwappt!«

»Igitt, was is'n da drin?«

»Da hat er wohl seine Wäsche eingeweicht, der Herr Lindenberg.«

»Aber das muss Monate her sein!«

»Mancher Schmutz muss länger weichen.« Mutti schüttelte hilflos den Kopf. »Bestimmt hat er's einfach vergessen.«

Elly Jacks um das Jahr 1942

»Aber guck doch bloß! Da bewegt sich was.« Ich beugte mich vor, starrte ins trübe Wasser. »Das sind Kaulquappen!«
»Und da sitzt ein Frosch!« Mutti piekte mit dem Finger in Richtung des filigranen Tierchens, das friedlich auf einer grün bemoosten Insel hockte.
»Und da ist noch einer! Und noch einer!«
Wir starrten auf den Schlafzimmertümpel, in dem es vor Wassergetier nur so wimmelte.
»Was machen wir denn jetzt, Mutti?«
»Jetzt schaffen wir dieses Ding erst mal raus!«
»Und dann schmeißen wir den ganzen Dreck weg!«, fügte ich entschlossen hinzu.
Aber Mutti wiegte den Kopf. »Na, das machen wir lieber nicht«, sagte sie. »Lass uns lieber zusehen, dass wir die Wäsche auskochen. Vielleicht kann man sie ja irgendwann doch noch gebrauchen ...«

Leo Lindenberg kam zweimal auf Heimaturlaub zu uns in die Laube, 1943 und 1944. Besonders Eddi war für »Onkel Leo« ganz Feuer und Flamme, betrachtete ihn als Vaterersatz. Er hatte wirklich eine sehr nette Art, mit ihr umzugehen.
Mir passte das gar nicht. Ich blieb meinem Vati treu, und dasselbe erwartete ich von meiner Schwester. Herrn Lindenberg gegenüber verhielt ich mich abweisend, manchmal sogar

ziemlich ruppig. Es war mir nicht bewusst, welches Risiko er unseretwegen auf sich nahm. Das ist mir erst viel später klargeworden.

Eddie fixierte sich auf ihn. Sie sprach oft von ihm und dachte wahrscheinlich noch viel öfter über ihn nach. Alles, was mit ihm zu tun hatte, war für sie hochinteressant. Schließlich hatte sie kaum Abwechslung, dafür aber jede Menge Zeit, in seinen Sachen herumzustöbern.

Eines Tages fand sie einen Zylinder. Schwarz und feierlich lag er auf der Hutablage im Kleiderschrank. Eddi war ganz atemlos vor Aufregung, als sie damit angelaufen kam.

»Du, Mutti, der Onkel Leo hat uns betrogen!«

Mutti zog die Stirn in Falten. »Wieso das denn?«

»Weil er uns gesagt hat, er war noch nicht. Aber er hat 'n Zylinder. Also war er doch!«

»Was war er?«, fragte Mutti. »Ich versteh immer nur Bahnhof.«

»Oder er isses vielleicht immer noch.«

»Was denn bloß, Eddi?« Es klang ungeduldig.

»Na, verheiratet!«

»Weil er einen Zylinder hat?« Mutti hatte Mühe, sich das Lachen zu verkneifen.

»Na klar!«, rief Eddi. »Der hat uns glatt betrogen!« Ihre Miene ließ keinen Zweifel, dass sie sich ernsthaft hintergangen fühlte.

Im Schuppen neben Kohlen und Brennholz stapelten sich die Zeitungen. Aber Herr Lindenberg sammelte dort nicht einfach nur Heizmaterial. Er wollte das alles irgendwann einmal lesen. Bloß war er nie dazu gekommen. Ich fand kiloweise Groschenromane. Für mich eine ganz neuartige Lektüre, denn von zu Hause war ich nur die »gute Literatur« gewöhnt. In Buchform. Das hier war etwas völlig anderes. Anfangs las ich ganze Nächte durch, so sehr faszinierte mich der Stoff. Aber nach dem zehnten Heftchen wurde mir klar, dass es doch nur immer wieder dasselbe war. Da ließ die Begeisterung nach.

Ich brauchte eine neue Ablenkung.

Die Laube bedrückte mich. Diese Enge in Lindenbergs Kaninchenbau. Die winzigen Fenster. Und jeder Raum hatte mindestens drei Türen! Es war ein Höhlenlabyrinth, vollgestopft mit Merkwürdigkeiten. Die Intimsphäre eines fremden Menschen, in der ich mich wie ein Eindringling fühlte. In meinem Kopf rotierte ständig der Gedanke an Flucht.

Aber du kannst hier nicht raus, Ruth! Du musst dich verkriechen! Musst ausharren! Es gibt keine Alternative außer der Pappelallee, und da warten sie schon auf dich. Das ist viel zu gefährlich. Alles ist gefährlich. Du musst dich klein machen! Musst dich gedulden! Dieser Krieg kann nicht ewig dauern, das sagen alle. Wir wollen das doch überstehen. Wir drei zusammen. Du darfst dich nicht unterkriegen lassen! Darfst dich nicht erdrücken lassen von den schweren Zeiten!

Draußen brannte die Sonne, versengte die Wiese unter den Obstbäumen, ließ die zarten Erbsenschoten an den Stangen vertrocknen. Wir konnten gar nicht genug gießen in der heißen Zeit. Ach, wie gern würde ich mal wieder Himmel und Erde zusammenstoßen sehen! Raus in die Natur! Es ist nicht auszuhalten in unserer Höhle!

Da packte es mich. Alles andere war plötzlich egal. Ich brauchte nur eine Decke, ein Handtuch und meinen Badeanzug. Wieso denn auch nicht? Hier kennt mich doch keiner. Ich trage keinen Stern. Keiner weiß, was ich bin. Was soll mir schon passieren? Ja, was? Bloß nicht drüber nachdenken! Jeder Schritt weg von der Lindenberg'schen Höhle machte mich leichter. Der herrliche Sonnenschein ließ mich strahlen. Was wird Mutti sagen, wenn sie erfährt, was ich vorhabe? Egal! Es ist so schön hier draußen. Und ich bin immer so gern geschwommen!

Am Eingang der Badeanstalt in Lübars hing das übliche Schild: Solche wie ich waren dort unerwünscht. Doch was kümmert's mich? Es weiß ja keiner, dass ich nicht hineindarf!

Ich suchte mir ein nettes, etwas abgelegenes Fleckchen, breitete meine Liegedecke aus, auf der ich meine Sachen ablegte. Dann stürzte ich mich in das Wasser, in den ehemaligen Tonstich. Es war so angenehm kühl. So wunderbar erfrischend. So herrlich, herrlich, herrlich!

Der Bademeister beobachtete mich. Er hatte seinen Sitz auf dem Steg bei den Sprungbrettern, aber häufig wanderte er auch umher. Passte auf, dass keiner Dummheiten macht.

Nr. U 3 a   Verlag Amtsberg, Berlin-Wilmersdorf

Mein Fahrtenschwimmerzeugnis

Dirigierte die Jugendlichen, die mit den Rettungsbooten im Schwimmerbereich des Sees kreuzten. Zeigte ein paar Jungs, mit welchen Griffen man einen Verletzten abschleppte. Und warf mir immer wieder Blicke zu.

Jetzt scharte er eine ganze Rotte junger Leute um sich. Sie diskutierten. Einer ließ seinen ausgestreckten Arm in der Runde kreisen. Wieder wurde geredet.

Plötzlich drehten sich alle um und schauen zu mir herüber. Um Himmels willen, das darf nicht wahr sein! Mein Magen krampfte sich zusammen.

Ein Junge löste sich aus der Gruppe und kam im Laufschritt auf mich zu. Sand spritzte auf meine Decke. Ich setzte mich auf, sah sein verlegenes Lächeln.

»Der Herr Schwethelm lässt fragen ...«, begann er stockend und deutete auf den Bademeister. »Also, wir würden gern Völkerball spielen, aber es fehlt noch einer, damit's 'ne gerade Zahl ist ...« Er fuhr sich mit der Hand über den braungebrannten Bauch. Räusperte sich. »Also, damit in beiden Mannschaften gleich viele Spieler sind, meine ich.«

»Verstehe schon.« Meine Erleichterung war unbeschreiblich. Das Lächeln ließ sich nicht mehr unterdrücken.

»Hättest du nicht Lust ...«, er räusperte sich schon wieder, »... also ... mitzuspielen?«

»Tja, ehrlich gesagt ...« Ich biss mir auf die Lippen. Soll ich mich trauen? Soll ich? Aber warum denn nicht? Sie wissen ja nicht, wer ich bin. Was ich bin.

»Ich hab sehr große Lust mitzuspielen.«

»Wirklich?« Er schien ganz überrascht. »Na, Klasse!« Jetzt streckte er mir die Hand entgegen. »Ich heiße übrigens Heinz.«

»Und ich bin Ruth.«

So fing es an. Mit einem Völkerballspiel.

Zum ersten Mal seit vielen Jahren war ich nichts Besonderes, nicht anders als die anderen, sondern einfach ein Teil der Gruppe. Ein ganz normales junges Mädchen, das Spaß am Ballspielen und am Schwimmen hatte. Das plötzlich wieder lachen konnte. Unbeschwert sein. Fern von allen Grübeleien. Das den Augenblick genoss und sich erschöpft zusammen mit den anderen Mädchen und Jungen in der Sonne aalte. Wir verabredeten uns ganz unverbindlich für den nächsten Sonnentag im Schwimmbad – und trafen uns von nun an regelmäßig.

Bademeister Schwethelm verstand es hervorragend, uns etwas beizubringen, ohne dass wir es überhaupt merkten. Wir übten Kraulen, Rückenschwimmen und alle möglichen Sprünge vom Brett. Und eines Tages hieß es: »Woll'n doch mal gucken, ob ihr's schon schafft, 'ne Dreiviertelstunde ohne Pause zu schwimmen. Na, wer traut sich? Ich nehme die Zeit.« Für uns war es ein spielerischer Wettbewerb. Der

Bademeister feuerte uns an. »Nicht aufgeben! Du schaffst das, Ruth! Und wenn du wirklich meinst, du hast keine Kraft mehr, dann spielst du einfach ein bisschen Toter Mann.«
Ich schaffte es. Gar kein Problem. Schließlich hatte ich den besten Trainer der Welt. Wir schafften es alle. Und Herr Schwethelm verkündete uns mit leisem Schmunzeln, dass wir damit auch unseren Frei- und Fahrtenschwimmer geschafft hätten. Die Freude kam ganz unverhofft. Wir strahlten vor Stolz.
»Nächstes Mal bringt ihr mir eure HJ-Ausweise mit. Dann gebe ich euch die Urkunden.«
Das war der Haken an der Sache. Ohne Mitgliedschaft bei den Nazis bekam man heutzutage gar nichts mehr. Ich hätte heulen können!
Stattdessen erfand ich jede Menge Ausflüchte. Ausweis vergessen. Ausweis verlegt. Beim »Heimabend« des BDM liegengelassen. Den neuesten Stempel noch nicht drin. Vorm Schwimmen noch die Tante besucht und vorher nicht an den Ausweis gedacht. Die Wochen vergingen. Mir war klar, dass ich immer unglaubwürdiger wurde.
Nach zwei Monaten nahm mich schließlich die Frau des Bademeisters zur Seite.
»Ach, Ruth, schön, dich zu sehen!« Sie fasste meinen Ellenbogen. »Ich wollte gerade 'ne Runde mit dem Hund gehen. Willste nich 'n Stückchen mitkommen?«
Ich ahnte schon, worauf das hinauslaufen sollte. Das Blut schoss mir in die Ohren. Ich zupfte ein paar Haarsträhnen über die pochende Hitze. Hoffentlich hat's keiner gesehen!
»Gern«, sagte ich. Aber es klang irgendwie gequetscht.
Meine Schuhe wurden mit jedem Schritt staubiger. Der Hund sauste durch die Gräser, setzte seine Marken. Manchmal ragte nur noch das hochgereckte Bein aus dem mohnroten Feldrain. Und Frau Schwethelm sagte immer noch nichts. Ich lauschte dem Geräusch unserer Schritte, hörte meine Begleiterin seufzen.
»Sag mal, Ruth, ganz ehrlich ...« Ihr Blick streifte mich flüchtig, suchte dann den Hund. »Da ist doch irgendwas. Du bist doch sonst so korrekt. Da stimmt doch irgendwas nicht bei dir.« Sie furchte die Stirn. »Man kann sich sonst immer hundertprozentig auf dich verlassen. Nur diese Stempelkarte

vergisst du unentwegt.« Sie blieb stehen, schaute mir direkt in die Augen. »Kann es sein, dass du gar keinen Mitgliedsausweis hast?«

In den Pappeln wühlte der Wind. Ich ballte die Fäuste. Was konnte ich sagen? Hier war der Punkt, an dem es keine Ausflüchte mehr gab. Entweder ich sprang mitten ins eiskalte Wasser, oder ich blieb für immer draußen. Zog mich zurück in die Lindenberg'sche Höhle. Verzichtete auch auf meine Freundschaft zu Heinz, der mich inzwischen schon ein paar Mal nach Hause gebracht hatte. Es hing so viel an dieser Entscheidung.

»Ich bin nicht beim BDM«, sagte ich. »Weil ich Geltungsjüdin bin.«

Frau Schwethelm nickte. »So?« Ganz leise.

Und dann erzählte ich ihr alles. Es brauchte dazu nicht viele Worte.

Sie zog die Luft in ihre Lungen, als könnte sie nicht genug davon kriegen. Der Wind zauste die Pappeln, dass es rauschte. Sonst hörte man nichts.

»So«, sagte sie schließlich, fing meinen Blick und fasste meine Hand. »Ruth ...« Ich sah, dass ihr der Mund trocken geworden war. Sie musste ihn schließen und Flüssigkeit sammeln. »Wir haben uns so was schon gedacht«, fuhr sie mit ernster Miene fort. »Deine Schwimmzeugnisse bekommst du trotzdem. Aber das, was hier gesprochen wurde, bleibt unter uns, ja?« Sehr eindringlich. »Versprichst du mir das?«

Ich nickte. »Ich verspreche es.«

11

Jeden Morgen, wenn wir wach geworden sind und ich hab meine Mutti begrüßen können oder meine Schwester ... freute man sich, dass man's bis da geschafft hat. Und wir haben auch unter diesen schwierigen Verhältnissen immer mal 'ne Stunde gehabt, wo wir 'ne ganz besinnliche Stunde uns gesucht haben. Und wenn das nur beim Kerzenstummel war oder bei untergehender Sonne. Wir haben immer versucht, unser kleines Glück ... so 'n bisschen ... die eigene Welt zu haben. Dann fing meine Mutti an, Gedichte vorzutragen, oder wir sangen dann 'n bisschen was oder so.

Im November zeigte sich, dass Herrn Lindenbergs Laube nicht winterfest war.

»Er hat das Häuschen selbst gebaut«, sagte Mutti. »In seiner Freizeit.« Sie wollte ihn in Schutz nehmen, ihn entschuldigen, und ich musste einfach kontern.

»Aber man fragt sich, ob er dazu alte Obstkisten genommen hat oder doch bloß Pappe!«

»Ach, Ruthchen.« Mutti seufzte. »Er ist ja nicht mal ein Handwerker.«

»Nein, leider.« Ich ließ den Kopf hängen. »Wie der's im Winter hier ausgehalten hat ...«

Die Nächte wurden jetzt so frostig, dass sich das Eis von innen an Fenster und Wände legte. Ohne Eddi, mein Heizöfchen, an das ich mich kuscheln konnte, hätten wir beide vor Kälte nicht schlafen können. So ging es gerade noch einigermaßen.

Wenn wir morgens in die Küche kamen, war das Wasser im Eimer gefroren. Leitungswasser gab es nicht, bloß die Pumpe im Garten. Für die kleinste Katzenwäsche mussten wir den eisernen Herd anfeuern, um das Eis aufzutauen. Brennmaterial war knapp. Dabei wurde der Raum trotzdem kaum wärmer. Mutti und ich konnten uns später bei der Arbeit aufwärmen.

Sie war inzwischen dienstverpflichtet im Labor der Deutschen Waffen- und Munitionsfabrik. Ich flickte immer noch Uniformen. Aber Eddi musste den ganzen Tag in der eisigen Laube hocken. Eine Unterkühlung schien unabwendbar, vielleicht sogar Schlimmeres!

»Ich weiß mir keinen anderen Rat«, seufzte Mutti. »Wir müssen zurück in die Pappelallee. Wenigstens so lange, bis draußen wieder Plusgrade herrschen.« Sie rieb sich die frostrote Nase. »Es hat doch jetzt schon lange keine Abholungen mehr gegeben.«

»Aber ich müsste den Stern wieder anmachen«, sagte ich. »Die Leute im Haus wissen Bescheid. Nicht, dass mich einer anzeigt!«

»Ja«, seufzte Mutti, »das müsstest du wohl.«

Wir rollten unsere Federbetten ein und packten alles Lebensnotwendige zusammen.

Wohl war uns dabei nicht.

Die Sirenen gaben einen einzigen langen Ton ab: Entwarnung.

Endlich! Raus aus dem stickigen Luftschutzraum der Uniformfabrik! Zurück in die Pappelallee! Zu Eddi! Ich rannte.

Qualm füllte die Luft. An der Straßenecke brannte ein Dachstuhl. Flammen züngelten aus den Fensterhöhlen des obersten Stockwerks, leckten schon gierig in die Etage darunter.

»Die ham Brandbomben abjekricht!«, brüllte eine heisere Stimme. »Zig, zig, zig Brandbomben! Der janze Prenzlauer Berg brennt!«

Asche flockte mir ins Gesicht, ließ mich husten.

Es war ein schlimmer Angriff gewesen. Schwer zu ertragen. Die Ukrainerin neben mir hatte den Himmel angefleht, zuerst auf Russisch, dann sogar in gebrochenem Deutsch, weil die Erde gar nicht mehr aufhören wollte zu beben.

Jetzt flirrte die Luft vor Hitze. Menschen flitzten wie aufgescheuchte Hasen. Versuchten zu retten, was noch zu retten war. Ich flitzte auch. Hoffentlich hatte Eddi alles gut überstanden! Sie war sieben. Schon sehr selbständig für ihr Alter. Und absolut routiniert bei Fliegeralarm. Immer war sie die Schnellste von uns dreien, zog Schuhe und Jacke an, rannte los zum Schutzraum.

Trotzdem war sie erst sieben. War noch ein kleines Kind.

Das Grundstück neben unserem Wohnhaus in der Pappelallee war ein Industriehof. Dort gab es einen öffentlichen Bunker, den wir bei Alarm aufsuchten. Wir setzten uns immer in dieselbe Ecke. Auch die anderen Leute, die dort saßen, waren immer dieselben. Wir kannten uns vom Sehen. Und keiner sagte etwas, weil ich den Stern am Mantel hatte. Keiner starrte mich an. Oder jagte mich sogar raus. Wir gingen immer in den öffentlichen Bunker, denn im Luftschutzkeller unseres eigenen Wohnblocks waren »Juden nicht erwünscht«.

Jetzt stand ich vor den Trümmern. Konnte kaum atmen. Tränen liefen mir über die glühenden Wangen. Im Mund knirschte der Steinstaub. Es war Nachmittag und trotzdem dämmrig. Überall Rauch. Vor mir ein Krater. Dort, wo unser Bunker gewesen war. Der öffentliche. Genau an der Stelle, wo wir immer gesessen hatten, klaffte eine tiefe Scharte.

»Det muss 'n Riesending jewesen sein«, sagte einer, irgendwo hinter mir, mit heiserer Stimme.

Da war nur noch zersprengtes Mauerwerk. Sogar die nackte Erde konnte ich sehen, am Grunde des Kraters. Und einen Notkoffer, wie wir ihn auch hatten. Nur dass dieser schwarz war. Und einen Damenhut mit Feder. Alles staubbedeckt.

»Die sind alle hin«, sagte die Stimme.

Ich wandte den Kopf. Da stand ein grauer, einbeiniger Mann, der sich auf Krücken stützte. »Auch meine Frau, meine Else ...« Er starrte. Und schwieg.

Ich glaube das nicht! Ich will das einfach nicht glauben! Rannte schon wieder – weiter, weiter! – durch das Tor in den Hinterhof. Da lag unsere Parterrewohnung. Oder das, was noch von ihr übrig war. Die Wand fehlte. In der Fassade klaffte ein riesiges Loch. Man konnte unsere Betten sehen.

Und da war Mutti! In der Wohnung.

Ich fiel ihr um den Hals. Und fing an zu schluchzen.

»Ist Eddi hier? Hast du sie gesehen? Weißt du, wo sie ist?«

Mutti schüttelte den Kopf.

»Meinst du, sie war drüben? Im Schutzraum?«

Von der Straße drang Gebrüll in unser Wohnzimmer. Auf dem Sofa saß Eddis Puppe, eine dicke Schicht aus Kalkstaub auf den blonden Haarschnecken. Ich spürte, dass Mutti um ihre Fassung rang.

»Wir müssen sie suchen!«, stieß sie schließlich hervor. »Wir werden die Nachbarn fragen. Na komm, Ruth! Vielleicht hat sie irgendjemand gesehen ...«

Sie hielt inne, starrte mich an.

»Was denn, Mutti? Weißt du, wo Eddi ist?«

»Vielleicht ist sie zu Tante Grete gelaufen«, sagte sie. Und nickte so heftig, als müsste sie sich selber Mut machen. »Das wird es sein. Bestimmt ist sie bei Tante Grete!«

So war es tatsächlich. Nie in meinem Leben war ich so unglaublich erleichtert.

»Na, Eddi, wie gefällt dir das Loch in der Wand?« Mutti strich der Kleinen über die Wollmütze. »Jetzt kannst du vom Bett aus den Leuten beim Flanieren zugucken.« Wolken aus weißem Atem breiteten sich vor ihrem Gesicht aus. »Ach je, die Wohnung war ja noch nie schön«, seufzte sie, »aber jetzt ist sie auch noch total kaputt. Wo sollen wir jetzt hin?«

»Zu Tante Grete?«

»Die wird uns über Nacht nicht nehmen wollen. Das ist ihr zu gefährlich.«

»Wieder in die Laube?« Meine Stimme klang zaghaft.

»Und was machen wir dann mit Eddi?«, seufzte Mutti. »Draußen ist es immer noch lausekalt.«

Da klopfte es an der Wohnungstür. Laut und energisch. »Hallo? Aufmachen!«

»O nein, nicht jetzt!«

Jemand rüttelte an der Klinke. Klopfte jetzt mit der Faust. »Machen Sie auf! Wir sind von der Ortsgruppe.«

Ich zuckte instinktiv. Der Blick huschte erst zur Tür, dann zum Fenster. Wegrennen? Zu dritt? Wahrscheinlich hätten wir keine Chance.

Eddis wollbemützter Hinterkopf schrumpfte in den Kragen ihres Kindermantels.

Mutti ballte die Hände in den Fäustlingen. »Von der Ortsgruppe?«, flüsterte sie alarmiert.

Wieder donnerte die Faust an die Tür. »Ist da jemand? Machen Sie auf!« Der Donner schwoll an. Wuchs ins Bedrohliche.

»Ja doch, ich komme schon.« Unter Muttis Sohlen knirschte der Mörtel. Sie öffnete die Tür. »Was denn?«

Durch den Türspalt sahen wir Uniformmäntel. Eddi machte erschrocken einen Schritt rückwärts, trat mir auf die Zehen, stieß gegen meinen Bauch. Meine Hände schlossen sich fest um ihre Schultern, drückten den kleinen Körper an meine Hüften. Ich werde dich nicht loslassen, Eddi! Nicht nach all der Angst, die wir gerade um dich ausgestanden haben!

Vor der Tür standen zwei Männer. Sie reckten die Hälse und spähten zu uns ins Wohnzimmer. Meine Haut zog sich augenblicklich zusammen, begann an Armen und Rücken zu kribbeln.

Einer der Männer trat vor. »Ick muss mir Ihre Wohnung angucken, Frau ...« Das war keine Bitte, sondern ein Befehl. »Frau ... äh?« Sein Blick schweifte zum Namensschild an der Tür.

»Jacks«, sagt Mutti.

»Ah ja!« Er setzte den Fuß über die Schwelle und betrat unseren kleinen Flur. »Hamwa die Leute hier uff Liste, Krause? Frau Jacks und ...« Er hob den Kopf und schaute mir direkt in die Augen. »... zwee Kinder.«

Jetzt erkannte ich ihn, den Ortsgruppenleiter der NSDAP, zuständig für die gesamte Gegend hier. Er polterte in den Raum, warf einen Blick in die Runde, trat näher und musterte die staubbedeckten Trümmer vor unseren Betten.

»Nehmse uff, Krause: Mauerwerk ausbessern, drei mal vier Meter. Und setzense hinta: dringlichst!« Er zwinkerte Mutti zu. »Manchmal hilftet. Aber hexen könnse ooch nich, unsere Maurers.«

Krause zückte sein Klemmbrett und notierte.

»Na, Kleene ...« Der Ortsgruppenleiter strich Eddi über die Wange. »Da haste nu keen Zuhause mehr, wa?« Seine Stimme wurde ganz weich, der Blick gefühlvoll.

Er wandte sich Mutti zu. »Na, und du, Meechen? Wo willste heute Nacht hin mit deine Jör'n? Hier in der Bude is ja schlecht kampier'n bei der Kälte ...«

Mutti zuckte hilflos die Achseln.

»Weeßte nich? So so!« Er drehte sich wieder zu seinem Gehilfen. »Lassense die Wohnung hier mit Pappe zunageln, Krause! Soll ja nüscht wegkommen! Und ihr drei ...« Erst schaute er Mutti an, dann mich, dann Eddi. Ich fühlte, wie sich die Muskeln in ihren Schultern verkrampften, wie sie sich noch dichter an mich drückte. »Ihr geht ins Notlager, drüben in der Schule! Da jib's ooch wat zu essen für euch. Krause, teil'n Se drei Bettnummern zu!«

»Aber ...« Mutti fasste meine Hand. »Das geht nicht.« Sie senkte den Kopf.

Ich wusste, was sie jetzt sagen musste, denn es gab eine Verordnung, die uns dazu verpflichtete.

»Meine Kinder sind Geltungsjuden. Sie dürfen nicht ins Notlager.«

»So?« Der Ortgruppenleiter musterte den Stern auf meinem Mantel. »Den machste ab!«, ordnete er an. »Und die Kleene hat noch keenen, wa? Nee. Na also.« Wieder strich sein großer Zeigefinger über Eddis zarte Wange. »Ansonsten allet wie jehabt. Und jetzt rüba mit euch! Da isset warm und trocken. Wir wer'n uns hier schon kümmern.«

Als wir die Schule betraten, die als Notlager diente, zitterten mir die Knie. Dem Ortsgruppenleiter misstrauten wir jetzt nur noch ein ganz kleines bisschen. Aber es bestand die Gefahr, dass irgendein strammer Nazi es hier drin weitaus weniger gut mit uns meinte. Bloß, wo sollten wir hin? Die Wohnung zerbombt, die Laube vereist. Im Augenblick gab es keine Alternative. Und schließlich hatten wir doch immer wieder Glück gehabt! Warum nicht auch jetzt?

Unsere Namen wurden auf der Liste abgestrichen. Wir bekamen drei Betten übereinander in einem schönen Raum, ziemlich weit vom Eingang entfernt. Man lag dort nicht wie auf dem Präsentierteller, sondern konnte sich ein bisschen verstecken. Das gab uns Sicherheit. Wir fühlten uns im Notlager erst mal ganz gut aufgehoben.

Gegen Abend kam der Ortsgruppenleiter durch die Reihen, um die Essensausgabe zu überwachen. Krause kontrollierte den Vorgang auf seinem Klemmbrett. Zwei Helfer schleppten einen großen Korb.

»Na, da sindse ja!«, rief der Ortsgruppenleiter. »Und ick dachte schon ...«

Er warf ein Päckchen in mein Bett, eingeschlagen in Stullenpapier. Dann eins zu Eddi. Dann eins zu Mutti.

»Een' juten Appetit!« Tippte sich an die Mütze. Und ging. Oh, das schmeckte gut! Butterbrote mit Wurst und Käse hatte ich schon Jahre nicht mehr gehabt. Dazu gab es einen Apfel. Wir kauten noch mit vollen Backen, als der Ortsgruppenleiter von seiner Runde zurückkam. Wieder flogen Päckchen auf unsere Bettdecken.

»Aber wir haben doch schon ...«

»Ruhe! Hier wird nich protestiert!«, polterte er. »Könnt euch ooch ma satt essen!«

Also aßen wir. Und blieben in der Notunterkunft, bis unsere eigene Wohnung wieder einigermaßen hergerichtet war. Der Ortsgruppenleiter passte auf uns auf. Mochte er auch noch so raubeinig auftreten, so spürte ich doch immer das Herzliche dahinter. Das Fürsorgliche. Ich vertraute ihm. Und Mutti vertraute ihm auch. Von Eddi ganz zu schweigen.

Eine Woche hatte ich Tagschicht, die nächste Nachtschicht. Mit meinen fünfzehn Jahren musste ich täglich zwölf Stunden arbeiten. Aber immer noch besser, als ins Lager deportiert zu werden. Das immerhin.

Die Luftangriffe nahmen kein Ende mehr. Nachts heulten die Sirenen inzwischen sogar mehrfach. Wir kamen kaum noch ins eigene Bett. Mussten jetzt weiter rennen zum nächsten öffentlichen Schutzraum. Hatten die ganze letzte Nacht dort verbracht. Ringsum zerquälte Gesichter, stoppelige Altmännerwangen, quengelige Kinder.

»Da oben brennt's überall«, sagte eine Frau. Ich sah das Mutterkreuz an ihrer Bluse.

»Mal wieder«, brummte einer.

»Da haben die Scheißtommis ganze Arbeit geleistet!«

»Mal wieder«, brummte er. »Es sieht schlimm aus.«

Ich roch das Feuer. Hoffentlich nicht unser Haus! Wir stiegen die Treppen hoch, einer hinter dem anderen. Überall Qualm. Aber ich sah keine Trümmer. Diesmal hatte es den Kolonialwarenladen getroffen, in dem wir immer unsere Lebensmittel kauften. Das Geschäft stand in Flammen.

»Der Brand darf nicht auf die anderen Wohnungen überspringen!«

»Mensch, wo bleibt denn die Feuerwehr?«

»Na, die hat alle Hände voll zu tun!«

»Jeder fasst mit an! Wir bilden eine Eimerkette, von der Straßenpumpe zum Haus!«

»Schnell! Schnell! Det Feuer is gierig!«

Mutti und ich waren dabei. Volle Eimer schwangen von Hand zu Hand, Wasser schwappte über den Rand, klatschte auf die Schuhe, aufs Straßenpflaster. Die Flammen prasselten. Es zischte und knackte. Plötzlich ein Knall.

»Schneller! Wir kriegen den Brand nicht unter Kontrolle!«

»Wo bleibt denn bloß die Feuerwehr?!«

»Mensch, det brennt doch überall! Die janze Stadt steht in Flammen!«

Wir waren auf uns allein gestellt, Eimer für Eimer für Eimer. Mir wurden langsam die Arme lahm. Aber die Anstrengung zeigte Erfolg. Das Feuer wurde schon kleiner. Die Löschmannschaft mit den Feuerpatschen rückte ins Innere des Ladens vor und erstickte die gefräßigen Flammen.

»Det hamwa gleich«, rief einer. »Wär doch jelacht, wenn wa det nich …«

Auf einmal stand der Ortsgruppenleiter vor mir. Sein Blick war ernst, der Lage angemessen, aber in seinen Augenwinkeln lag ein freundliches Zwinkern.

»Na? Biste auch hier? Hilfst kräftig mit, wa?«

Ich nickte. »Klar.«

»Det is jut. Wir können jede Hand brauchen.« Er musterte mich von Kopf bis Fuß, den nassen Mantel, die nasse Hose, die nassen Schuhe. »Bisschen Wasser kricht man ab, det bleibt nich aus.« Er deutete auf meine Füße. »Die sind pitschenass, wa? Haste denn noch 'n Paar trockene?«

»Nee, andere Schuhe hab ich nicht«, sagte ich, »bin ja zufrieden, dass die hier noch passen. Die werde ich mit Zeitungspapier ausstopfen und zum Trocknen hinstellen.« Das Leder würde hart werden, und das gab Blasen an den Füßen. Aber damit musste ich eben leben.

Der Ortsgruppenleiter schmunzelte. »Na, denn kommste nachher mit deiner Mutter ma rüber und holst dir 'n Paar Schuhe«, sagte er. »Hoffentlich hamwa deine Größe dabei.«

»Oh! Das wär ja …« Meine Freude war nicht gespielt. Seit Jahren schon trug ich die abgelegten Schuhe anderer Leute auf. Aber je weiter der Krieg fortschritt, desto seltener hatte jemand etwas zu verschenken.

Der Ortsgruppenleiter hielt Wort. Weil es mir mit dem gelben Stern am Mantel ein bisschen heikel war, die Räume der NSDAP-Ortsgruppe zu betreten, übernahm er die Schuhausgabe in der Kleiderstelle sogar persönlich. Ich hatte drei Paar zur Auswahl, allesamt nicht nagelneu, aber in gutem Zustand und durchweg frisch besohlt. Eines davon passte mir gut. Es ließ den Füßen sogar noch Luft zum Wachsen.

»Na, denn sind det jetzt deine«, sagte der Ortgruppenleiter.

12

*Man hat ja zwölf Stunden gearbeitet am Tag. Und dann muss-
te man auch noch hin zur Arbeit, und man musste auch wieder
zurück. Und dann die Bombenangriffe andauernd. Die Wäsche musste ... so einigermaßen jedenfalls sein. Man musste sich
was zu essen machen. Wenn ich denke, wie ich zwei Stunden
lang Hafer gemahlen hab, damit wir mal zwei Esslöffel Mehl
hatten zum Andicken. War eigentlich Hühnerfutter. Da haben
wir dann gesagt:* »Nee, also den Hafer brauchen wir jetzt selbst
zum Essen. Wir müssen ja auch noch überleben.«

Da Juden weder Textilien noch Lederwaren kaufen durften,
waren wir ganz auf das bereits Vorhandene angewiesen. Und
selbst das wurde beschlagnahmt. Ab Januar 1942 hatten wir
laut Verordnung sämtliche Pelze und Wollsachen an den
Sammelstellen abzugeben. Wir besaßen sowieso keine Nerze.
Aber im Winter 1943 wuchs ich aus meinem letzten warmen
Mantel heraus. Und im darauffolgenden Winter hatte ich
auch Muttis Mantel zerschlissen. Wer spendete mir seine
abgelegte Garderobe? Einen Kleiderschrank brauchte ich
schon lange nicht mehr. Das bisschen Wäsche, das ich besaß,
lag sorgsam gefaltet auf dem Wandregal über unserem Lindenberg'schen Gemeinschaftsbett. Unter dem Bett standen
meine zwei Paar Schuhe, das abgenutzte alte und das neuere
Paar, das mir der Ortsgruppenleiter geschenkt hatte.
Ich bekam während des gesamten Krieges nur ein einziges
wirklich neues Kleidungsstück. Spenderin war die geschiede-
ne Ehefrau des Cousins eines Cousins meines Vaters. Sie arbeitete bei Karstadt in der Abteilung für Damenoberbeklei-
dung. Dort gab es Bezugsscheine für Mitarbeiter, eigentlich
nur für deren Eigenbedarf. Trotzdem durfte ich mir für eine
bestimmte Punktzahl etwas aussuchen. Ein Kleid. Es roch
nach nagelneuem Stoff, saß steif am Körper und raschelte bei

jeder Bewegung. Was für ein wunderbares, völlig ungewohntes Gefühl!

Aber auch dieses Kleid zerschliss mit der Zeit. Es wurde zu häufig getragen.

Je länger der Krieg dauerte, desto schlechter ging es den Deutschen. Die Geschäfte waren leer. Der Textilienkauf wurde jetzt auch mit Kleiderkarte zur Glückssache. Keiner hatte mehr etwas zu verschenken. Erst recht nicht an Juden. Man konnte ja nicht wissen, wie das alles noch enden würde.

Inzwischen war ich größer und kräftiger als Mutti. Ihre Kleider waren mir fast zu eng. An meinem Körper saß der Stoff wie eine Wurstpelle, bei ihr schlotterte jetzt alles durch die Dehnung. Wir haben ständig gewechselt. Mal trug sie die Sachen, mal ich. So wahrten wir zumindest vor den Arbeitskollegen noch den Anschein einer umfangreicheren Garderobe. Aber irgendwann kam der Tag, an dem wir nur noch ein einziges Kleid besaßen. Wenn ich es anziehen wollte, konnte Mutti nicht in die Stadt gehen. Sie legte großen Wert auf ein ordentliches, korrektes Äußeres. Dazu gehörten Hut, Handtasche und oft auch Handschuhe. Es war ihr egal, dass unsere Laubennachbarn die Nase rümpften. Sie wollte wenigstens nicht so aussehen wie eine, die in einer Bretterbude hauste.

Doch das wurde immer schwieriger. Juden bekamen keine Seife, weder zur eigenen Körperpflege noch zum Rasieren oder Wäschewaschen. Muttis Rationen mussten auch für Eddi und mich ausreichen. Wir sparten, wo wir nur konnten. Auch am Essen.

Seit dem 22. Juni 1942 erhielten Juden laut Verordnung keine Eierration mehr. Am 10. Juli 1942 war ihre Versorgung mit Frischmilch eingestellt worden. Es hatte keine Rolle gespielt, dass Eddi zu diesem Zeitpunkt erst fünf Jahre alt und damit noch ein Kleinkind war. Die Nazis verordneten lapidar: Keine Milch für Juden! Und damit auch keine Milchprodukte wie zum Beispiel Käse. Ab dem 18. September 1942 gab es für Juden kein Fleisch, keine Fleischprodukte und keinen Fisch mehr. Was blieb uns noch? Eine geringe Menge Kartoffeln. Eine noch geringere Menge Brot. Der Garten von Herrn Lindenberg lieferte Obst und Gemüse. Seine vier Hühner legten Eier. Tante Hertha half uns, wo sie nur konnte. Sie brachte in regelmäßigen Abständen ein bisschen Butter, ein bisschen

Käse oder ein Stückchen Speck. Ohne sie wäre es gar nicht gegangen. Aber auch mit ihrer Hilfe hatten wir von Monat zu Monat weniger.

Immer seltener gab es Hühnerfutter zu kaufen. So schlachteten wir die Hühner. Eines im Herbst, eines im Winter, eines im Frühling. Dann den Hahn. Er war mager wie ein Spatz. Das letzte Huhn musste daran glauben, als Leo Lindenberg auf Fronturlaub nach Hause kam. Und noch immer war kein Ende des Krieges in Sicht.

Diesmal waren wir zur Luftschutzwache in der Uniformfabrik eingeteilt, Elisabeth und ich. Die Nacht von Sonntag auf Montag sollten wir im Betrieb verbringen. Im Falle eines Fliegerangriffs, der sehr wahrscheinlich war, sollten wir sämtliche Räume kontrollieren. Waren irgendwo Brandbomben eingeschlagen? Dann erwartete man von uns, dass wir mit Wasserhandpumpe und Feuerpatsche versuchten, die Flammen zu löschen. Falls Phosphorkanister vom Himmel fielen, mussten wir Sand draufstreuen, denn Phosphor entzündete sich nur in Verbindung mit Sauerstoff. Wir mussten den Brand ersticken, bevor er sich ausbreiten konnte. Das würde nicht ganz einfach werden. Nur wenn Luftminen runterkommen sollten oder die ganz großen Sprengbomben, hatten wir keine Sorgen mehr: Dann war alles zu spät.

Immerhin waren wir nicht die einzigen Luftschutzwächter im Betrieb. An unserer Seite wachten Luigi und Giuseppe, kurz Pippo genannt, zwei Italiener aus Mailand. Beide in den Zwanzigern, ebenfalls dienstverpflichtet, aber als ausgebildete Schneider privilegiert unter den Arbeitern. Im Gegensatz zu Elisabeth und mir waren sie nicht mit der Ausbesserung gebrauchter Uniformen beauftragt, sondern machten Maßanfertigungen aus neuen Stoffen. Offiziersuniformen und -mäntel bis hin zur wortwörtlichen Garde-Robe.

»Wir sehen uns«, hatte Pippo mir letzten Freitag ins Ohr geflüstert, »und dann gibt's eine Überraschung für euch!« Sein Grinsen war mir anzüglich vorgekommen. Sein Blick wie der eines Verschwörers.

»Aber vielleicht hab ich mir das ja bloß eingebildet«, sagte ich zu Elisabeth, als wir uns Sonntagabend am Alexanderplatz trafen.

»Tja, wer weiß«, murmelte sie, nicht besonders zuversichtlich. »Wir müssen auf jeden Fall hin.«

»Luftschutzwache ist Pflicht«, nickte ich. »Aber wenn ich auf dich aufpasse und du passt auf mich auf ...« Ich schob meinen Arm unter ihren Ellenbogen, hakte mich bei ihr ein.

»... dann wird uns schon nichts passieren«, sagte sie. Aber ich spürte, dass sie Angst hatte. Mir war genauso unbehaglich.

Als wir unsere Mäntel auszogen, kniff Pippo die Augen zusammen. Musterte uns.

»Ich sehe zwei zitternde kleine Mädchen«, stellte er fest. »Ihr fürchtet euch doch nicht etwa?« Er hob fragend eine Augenbraue.

»Doch«, sagte ich. »Uns ist gar nicht wohl bei der Sache.« Jetzt war es raus. Besser als stundenlang herumdrucksen.

»Ihr braucht euch nicht fürchten.« Beim Lächeln bekam er auf jeder Wange ein Grübchen. »Du bist doch wie meine Schwester.« Er streckte mir die Hand entgegen.

»Ja?«, fragte ich zaghaft. »Haste denn 'ne Schwester in dem Alter?«

»Hab ich«, nickte er. »Heißt Bruna.«

»Meine Schwester ist schon älter«, sagte Luigi. »Aber trotzdem, wenn ich euch beide sehe, hab ich das Gefühl, meine Geschwister sind zu Besuch.«

»Ihr seid unsere Sonntagsgäste«, sagte Pippo.

»Der Tisch ist schon gedeckt«, sagte Luigi. »Drüben.«

»Wenn die Damen bitte Platz nehmen möchten ...«, sagte Pippo.

Und Luigi: »Ich werde nur noch rasch die Kerze anzünden.«

»Oh, wie schön«, hauchte Elisabeth.

Das Eis war gebrochen.

Sie servierten uns ein Abendessen, von dem wir jahrelang nur geträumt hatten. Herrliches Weißbrot. Dazu echte Butter! Ich probierte meine ersten Oliven. Konnte gar nicht genug davon bekommen. Und zum Nachtisch gab es Kaffee, richtigen Bohnenkaffee. Oh, der schmeckte mir so unheimlich gut! So wunderbar!

Als später die Sirenen heulten, als wir das Dröhnen der Flugzeugmotoren hörten und bald darauf die entfernten Einschläge der Bomben, liefen Pippo und Luigi unermüdlich durch die Räume, die wir gemeinsam zu bewachen hatten.

Die Uniformfabrik blieb in dieser Nacht verschont.

Ich hatte mich nach langer, langer Zeit mal wieder richtig satt gegessen. Und hätte für mein Leben gern so tolle, fürsorgliche Brüder gehabt wie unsere beiden Italiener.

Kurz vor Weihnachten 1944 nahm Pippo mich beiseite. »Es heißt, die Herren mit dem Totenkopf an der Mütze gehen wieder um«, raunte er. »Sie durchforsten die Betriebe. Kontrollieren die Papiere. Nehmen Fremdarbeiter mit, bei denen was nicht in Ordnung ist. Und alle Juden. Ihr müsst aufpassen, Elisabeth und du!«

Es fühlte sich an, als presste sich ein unsichtbarer Daumen auf meinen Kehlkopf. Ich musste mich räuspern. »Danke für die Warnung.«

Wir sollten also aufpassen. Gut gesagt! Aber was genau sollten wir tun? Die Arbeit schwänzen? Auf keinen Fall! Dann hatten wir sie erst recht auf dem Hals. Der Arbeitgeber war verpflichtet, unser Fernbleiben zu melden. In meinem Kopf überschlugen sich die Möglichkeiten. Könnten wir uns vielleicht krankschreiben lassen? Wäre das eine Lösung? Sicherlich würden die Betriebskontrollen auch dieses Mal nicht ewig dauern. Sämtliche Abholungen waren immer in Wellen gekommen und wieder gegangen. In ein paar Wochen wäre die Gestapo damit durch. Danach würde wieder Ruhe herrschen. Man sollte meinen, dass die Nazis jetzt ganz andere Sorgen hatten! Wo doch der Krieg für Deutschland so schlecht verlief! Hier in der Fabrik hofften schon viele auf das Ende des Alptraums. Auf den Untergang des Dritten Reichs. Und auf Frieden, endlich wieder Frieden!

Ja, ich könnte mich krankschreiben lassen. Zeitlich müsste das hinhauen. Aber welcher Arzt würde sich das heutzutage noch trauen? Bei einer Geltungsjüdin, die eigentlich kerngesund war?

»Heute waren sie bei uns im Betrieb«, berichtete Mutti abends. In der Deutschen Waffen- und Munitionsfabrik. »Und sie machen angeblich auch wieder mehr Deportationen.« Sie gab sich Mühe, ihre Unruhe vor mir zu verbergen.

125

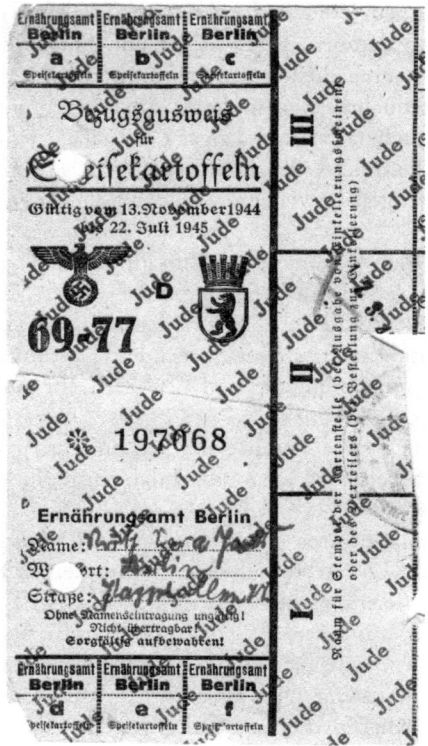

Eine Lebensmittelkarte für jüdische Berliner

Aber ich brauchte nur ihre Augen zu sehen, schon machte sich das klamme Gefühl auch in meinem Magen breit.

»Wir müssen dich aus ihrer Reichweite nehmen, Ruthchen.«

»Wir brauchen einen jüdischen Arzt!«, sagte ich. Ballte die Fäuste. Wollte Mutti durch Entschlossenheit überzeugen. »Ich werde mich mal umhören.«

Ein Arbeitskollege nannte mir einen Namen. »Auf Dr. Simon ist Verlass«, sagte er. »Aber du musst eine echte Krankheit haben. Anders geht's nicht.«

»Ich hab aber keine Krankheit.«

»Keine Sorge. Er macht dir eine.«

»Ach so ...?« Mir wurde die Sache langsam unheimlich.

»Eine kleine Operation würde doch schon reichen. Dann wärst du für ein paar Tage aus der Schusslinie.«

Ich sollte mich aufschneiden lassen, obwohl ich gar nichts hatte? Es war schwierig, sich mit diesem Gedanken anzufreunden.

»Den Umständen nach ist es wohl die beste Lösung«, sagte Mutti. Und seufzte.

»Die Nazis machen ihre Razzien, und du liegst gemütlich im Krankenhaus«, sagte Pippo. »Wenn du wieder gesund bist, ist der Spuk vorbei.«

»Aber ich bin nicht krank!«

»Ach, das …«, brummte Pippo.

»… das wird schon«, sagte auch Mutti.

Also ging ich zu Dr. Simon in die Praxis. Er selbst war kein Jude, aber mit einer Jüdin verheiratet. Ich brauchte gar nicht viel zu reden. Er wusste schon Bescheid.

»Sag mal, hast du denn deinen Blinddarm noch?«, fragte er und musterte mich, die Stirn in Falten gelegt, über den Rand seiner Brille hinweg.

Ich nickte. Ahnte schon, was jetzt kommen würde.

»Na, das ist doch günstig«, sagte er. »Dann werden wir ihn mal ordentlich rebellisch machen.« Und zwinkerte mir zu. »Das ist ganz einfach.« Er schrieb das Rezept.

Zu Hause kochte ich mir Kartoffeln. Aber sie durften nicht gar werden, sondern mussten halb roh bleiben. Das war wichtig. Aus den Kartoffeln schnitt ich grobe Stücke, jedes etwa so groß wie eine Pflaume. Die schob ich in den Mund und würgte sie unzerkaut hinunter. Das war der schwierigste Teil der Übung. Danach lagen sie wie Steine in meinem Magen. Deutlich spürbar. Insoweit zeigte die Kur bereits Erfolg.

»Nach einer Weile setzen die Bauchschmerzen ein«, hatte Dr. Simon gesagt.

Bei mir aber leider nicht.

»Und damit meldest du dich im Krankenhaus.«

Ich machte mich trotzdem auf den Weg. Verabschiedete mich von Mutti, küsste Eddi noch mal auf beide Wangen. Ging zu Fuß ins Jüdische Krankenhaus. Von Bauchschmerzen noch immer keine Spur. Aber bei der Untersuchung behauptete ich natürlich das Gegenteil. »Der Arzt wird deinen Bauch betasten«, hatte mir Dr. Simon erklärt. »Dann streckst du ihn ein bisschen raus und machst ihn hart, verstanden?« Ich hatte genickt.

Jetzt pumpte ich Luft in meinen Leib. Die Finger, die mich berührten, waren kühl.

»Danach wird er hier drücken.« Dr. Simon hatte seinen Finger auf die entsprechende Stelle gelegt. »Das wird dir gar nichts ausmachen. Aber wenn er die Finger zurückzieht, muss es dir weh tun, Ruth!«

Ich wartete den Moment ab. Stieß einen kleinen Schrei aus und verzog schmerzlich das Gesicht. »Aua! Au! Au!«

Der Arzt nickte zufrieden. Die Schwester ebenso. »Das ist ein vereiterter Blinddarm«, stellte er fest. »Das müssen wir operieren. Gleich morgen früh.«

Und so geschah es.

Ich hatte die Narkose schnell ausgeschlafen. Die frische Wunde schmerzte kaum. Ich lag im großen Krankensaal und las einen von Leo Lindenbergs Groschenromanen. Da knallten plötzlich Stiefelabsätze aufs Linoleum. Ich erkannte den Tritt sofort. Er ließ meinen Herzschlag taumeln. Das Heftchenpapier klebte an meiner feuchten Handfläche, zerriss mit einem Zischen.

»Das darf nicht, darf nicht, darf nicht!«, murmelte die Frau im Bett neben mir. Wie eine Beschwörungsformel. Sie hielt sich die Ohren zu. Über den weißen Bettbezügen sah ich Gesichter ohne jede Farbe. Las in den Augen dasselbe, was ich bereits in der Großen Hamburger Straße gesehen hatte. Noch waren sie draußen auf dem Gang. Kamen näher. Die Wunde versetzte mir einen Stich, als ich mich auf die Ellbogen stützte und lauschte. Jeder Schritt dröhnte in meinen Ohren. Vier schwarze Uniformen rauschten am Türrahmen vorbei. Blieben auf dem Gang. Drangen in den Krankensaal der Männer ein.

»Steh auf, Jude!«, brüllte einer. »Stell dich nicht an!«

Gedämpftes Klirren und Quietschen. Dann ein unterdrückter Schrei. Eine Tür knallte zu. Und wieder das Donnern der Stiefel. Als sie unsere Tür passierten, sah ich den Mann im Nachthemd. Zwei Herrenmenschen hielten ihn unter den Achseln gepackt, so dass seine nackten Füße kaum den Boden berührten. Seine Miene unter dem zerzausten Haarschopf war schiere Verzweiflung.

»Wo bringen sie ihn hin?«, murmelte ich.

»Ja, weißt du denn nicht …«, raunte es in dem Bett neben mir. »Die Gestapo hat hier ihre zentrale Sammelstelle, drüben in der Pathologie.«

»Aber sie können doch nicht den kranken Mann …«

»Die können alles.«

»Was hat er denn getan?«

Einen Moment war es ganz still.

Dann sprach die Frau im Bett gegenüber. »Nichts hat er getan.« Es klang unwillig.

Ich begriff, dass ich eine dumme Frage gestellt hatte.

»Kommt trotzdem ins KZ.«

»Ruthchen, du hast zu gutes Heilfleisch«, sagte Dr. Simon, der mich auch im Krankenhaus behandelte. Er schüttelte den grauhaarigen Kopf. »So schnell darf es nicht gehen.«

Ich begriff, was er meinte. Noch streiften die schwarzen Uniformen umher. Noch waren sie auf der Jagd. Die Deportationen dauerten an. Ich musste versteckt bleiben. Doch das Krankenhaus schützte mich nur, solange ich krank war.

»Beiß mal die Zähne zusammen!«

Ein einziger kurzer Ruck, dem ein heftiger Schmerz folgte. Dr. Simon hatte die Wunde wieder aufgerissen. Danach wurde sie eingesalbt, womit auch immer. Und alles war in Ordnung. Auf dem Krankenblatt vermerkte der Arzt eine schlechte Heilung.

Das tat er insgesamt dreimal.

Durch die ungewöhnliche Behandlung blieb eine sehr tiefe, auffällige Blinddarmnarbe auf meinem Bauch zurück. Aber damit konnte ich leben.

Weil ich dadurch am Leben blieb.

Nach etwa drei Wochen war es draußen wieder sicher, und ich wurde entlassen.

In der Uniformfabrik fehlten einige der Näherinnen.

»Abgeholt«, sagte Pippo. »Hier am Arbeitsplatz. Mitgenommen. Nicht mehr aufgetaucht.«

Aber Elisabeth war da. Und natürlich Luigi und all die anderen. Es war mir nie so bewusst geworden, wie gern ich mit diesen Menschen zusammen war. Wir verstanden uns trotz Sprachbarriere, oft auch ohne große Worte. Wir waren Gleichgesinnte. Die Arbeit kam mir jetzt gar nicht mehr so widerlich vor. Das Gefühl, noch einmal davongekommen zu sein, sorgte dafür, dass ich sie jetzt viel lieber machte.

13

*Eddi ist nie zur Schule gekommen. Aber die hätte das be-
stimmt ... wenn sie mit acht Jahren zur Schule jekommen wär,
hätte die das ganz schnell aufgeholt. War 'n ganz intelligentes
Mädchen. Und wir haben auch gar nicht versucht ... also, ich
will mal sagen ... in anderen Familien, die sich dann hingesetzt
haben und mit den Kindern Lesen gelernt haben oder so was ...
dazu haben wir gar keine Zeit gehabt. Denn meine Mutti hätte
ja ohne weiteres mir auch noch 'n bisschen mehr Schulbildung
beibringen können. Aber da haben wir keine Zeit zu gehabt
irgendwie.*

Der Februar 1945 war lausekalt. In Leo Lindenbergs Laube
fraß sich die Kälte durch die dünnen Wände. Jeden Morgen
war das Wasser eingefroren. Wir hatten kaum noch Heizmaterial. Eddi war schon seit einiger Zeit erkältet. Sie hatte
Schnupfen, Husten und jetzt schon wieder Fieber. Ihren
Geburtstag am 1. März hatte sie beinahe ganz und gar ver-
schlafen. Es wollte einfach nicht besser werden mit ihr.
Mutti machte sich Sorgen. »Wir müssen zurück in die Pap-
pelallee, Ruth. Es hilft nichts. Da ist es wenigstens ein bisschen wärmer als hier.«
»Dann roll ich schon mal die Bettdecken zusammen.«
»Ja. Wir müssen Eddi irgendwie dahin schaffen.«
Das bisschen Wäsche, das wir noch hatten, wurde in die
Rucksäcke gestopft. Ich packte die letzten Nahrungsmittel
dazu. Als wir zu dritt loszogen, waren wir hoch beladen. Und
fielen trotzdem kaum auf. Viele Leute waren mit Sack und
Pack unterwegs. Flüchtlinge aus den Ostgebieten, die allen
Besitz verloren hatten. Oder ausgebombte Berliner. Die Stadt
glich in weiten Zügen einem Trümmerfeld. Viele waren auf
der Suche nach einer provisorischen Unterkunft, nach einem
Schutz vor der Kälte.

Eddi fiel das Laufen schwer. Ihre Stirn glühte. Sie klagte über Halsschmerzen. Besonders das Schlucken tat weh. Sie lief an meiner Hand mit geschlossenen Augen. Wie eine Schlaf-wandlerin setzte sie tapfer einen Fuß vor den anderen.

»Es ist nicht mehr weit, Kleines. Nur noch ein kleines Stück.«

Später auf dem Sofa lag sie ganz still und rührte sich nicht mehr. Wir hörten ihren Atem pfeifen. »Das klingt nicht gut«, seufzte Mutti, »gar nicht gut.«

Dann musste ich zur Arbeit.

In ihrer Verzweiflung lief Mutti zum Strausberger Platz und holte Dr. Simon. Er musste ihr angesehen haben, wie drin-gend der Fall war, denn er kam sehr schnell zu Eddi in die Pappelallee. »Es ist Diphtherie«, sagte er, als er sie untersucht hatte. »Noch dazu in fortgeschrittenem Stadium. Damit ist nicht zu spaßen, Frau Jacks. Sie müssen das Kind sofort ins Krankenhaus bringen!«

»Aber wie soll ich denn ...« Mutti rang die Hände. »Ich kann sie doch nicht tragen.« Dazu war Eddi mit ihren acht Jahren viel zu schwer. Mutti war ja selbst bloß ein dünner Hering. »Gibt es einen Krankenwagen?«

Der Arzt schüttelte den Kopf. »Schon lange nicht mehr«, sagte er. »Inzwischen gibt es ja kaum mehr Medikamente.« Er sah sie eindringlich an. »Trotzdem müssen Sie das irgend-wie bewerkstelligen!«

Mutti schwieg. Überlegte. Wer konnte auf die Schnelle vor-beikommen, um zu helfen? Tante Hertha? Die war auf der Arbeit. Tante Grete? Die auch. Wer war überhaupt erreich-bar? Die Nachbarn? Völlig unbekannte Leute. Nicht ver-trauenswürdig.

»Ich kann Ihnen nur raten, nicht allzu lange zu zögern«, sagte Dr. Simon. »Hier zu Hause kann ich für nichts garantieren.«

Also wurde Eddi wieder angezogen, und Mutti machte sich mit ihr auf den Weg. Teils lief die Kleine allein, immer noch wie eine Schlafwandlerin, teils wurde sie von Mutti getragen. Der Weg von der Pappelallee zur Iranischen Straße war weit. Ein Bombenangriff hatte die Straßenbahn lahmgelegt. Die Strecke dehnte sich ins Endlose. Und dann begann es auch noch zu schneien.

Eddi mit ihrer Schildkröt-Puppe,
die sie von mir geerbt hatte

Im Jüdischen Krankenhaus wurde Eddi erneut untersucht. Die Diagnose blieb unverändert. Mutti stand neben dem Bett, in dem ihr kleines Mädchen lag. Winzig unter der gestärkten Decke. Weiß wie Wachs. Eddis Atem ging keuchend.
»Das Kind wird doch nicht ersticken?«, fragte Mutti besorgt.
»Nein, nein, Frau Jacks«, sagte der Arzt, »sie erstickt nicht.«
»Am liebsten würde ich gar nicht nach Hause gehen …«
»Wir tun alles, was in unserer Macht steht.«
»Na gut, dann geh ich.«
»Schlafen Sie sich aus«, sagte er. »Schöpfen Sie Kraft.«
Er muss gewusst haben, dass es bereits zu spät war. Er wollte Mutti ersparen, dass Eddi in ihren Armen starb.

Am Sonnabend war Eddi ins Krankenhaus gekommen. Am Sonntag wollten wir sie besuchen. Kamen in den Raum, wo sie am Tag zuvor noch gelegen hatte. Keine Eddi mehr da. Bloß ein leeres Bett. Eine Frau im hellblauen Kittel, Häubchen und Mundschutz, die mit Lappen und Pumpflasche das Bettgestell und den Nachttisch reinigte. Ein mitfühlender Blick über dem weißen Mundtuch. Da war alles klar.

Und Mutti brach zusammen.

Eddis Tod war für sie das Schlimmste. Das war noch mehr, als ihren geliebten Mann zu verlieren. Dieser Schlag hat sie niedergeknüppelt.

Am 1. März 1945 war meine Schwester acht Jahre alt geworden. Am 4. März ist sie gestorben. Am 8. März war die Beerdigung auf dem Jüdischen Friedhof in Weißensee. Auf ihrem Grabstein steht: *Was wir bergen in den Särgen, das gehört der Zeit. Was wir lieben, ist geblieben. Bleibt in Ewigkeit.* Das geht mir heute noch unter die Haut, ich kann gar nicht beschreiben, wie sehr.

14

Heute würde ich wahrscheinlich anders reagieren, aber direkt nach'm Krieg, als die ersten Mädchen mit irgendwelchen Amis gegangen sind, hab ich ganz empört gesagt: »Das sind Deutsche? Wie kann man sich bloß mit denselben Leuten anfreunden, die uns einen Tag vorher noch die Bomben auf'n Kopf gehauen haben!« Das hab ich abgelehnt. Ich hab auch keinen Engländer oder Franzosen ... Das wär für mich unmöglich gewesen. Ich war innerlich so deutsch, wie man mir niemals zugetraut hätte. Nach allem, was ich im Krieg erlebt hatte.

Ich bin nun einmal ein Mischling, das hat mich geprägt. Entsprechend gemischt waren auch meine Gefühle, als der Krieg im Mai 1945 zu Ende ging und Deutschland kapitulierte. Als die Russen uns »befreiten«, indem sie deutsche Frauen vergewaltigten. Als den verhassten Nazis endlich der Prozess gemacht werden sollte. Ich hatte Verwandte auf beiden Seiten. Die Brüder meiner Mutter waren Soldaten, die bis zuletzt irgendwo an der Front gestanden und für Deutschland gekämpft hatten. Waren sie gefallen? Oder in russische Gefangenschaft geraten und nach Sibirien verschleppt worden? Natürlich machten wir uns Sorgen. Genau wie um die jüdischen Verwandten. Würden sie nach Berlin zurückkehren, jetzt wo der Krieg vorbei war? Würde mein Vati zu uns zurückkommen?

Wir hatten weder Radio noch Zeitung. Der Briefträger kam nicht mehr. Wir lebten in unserer Laube wie auf einer Insel, abgeschnitten vom Weltgeschehen. Sahen inzwischen kaum noch Russen in der Kolonie »Einigkeit«. Sahen auch keine Fremdarbeiterinnen mehr, das Lager stand leer. Zu den deutschen Nachbarn hatten wir jetzt mehr Kontakt und bekamen von ihnen auch Lebensmittel. Es war eine friedliche Welt, angereichert mit Hunden, Ziegen und Hühnern. Aber der Friede war bloß äußerlich.

»Ich werde hier noch verrückt!« Mutti fuhr sich mit beiden Händen ins Haar, so dass die Strähnen widerspenstig zwischen den Fingern hervorstachen. Sie ballte die Fäuste. »Wie geht es meinen Schwestern? Und was ist mit Onkel Wilhelm?« Sie sprang auf, wirkte auf einmal sehr energisch. »Komm, Ruth! Wir müssen nach Weißensee!« Dort hatte Onkel Wilhelm sein Eisenwarengeschäft.

»Aber die Bahn ...«

»Ist mir egal, dann eben zu Fuß!«

Wir liefen über die Residenzstraße, die Bornholmer Brücke, die Wisbyer Straße. Hier war vor kurzem noch gekämpft worden. Ich sah die Streugarben der Einschüsse in den Fassaden. Auf der Fahrbahn stand ein verlassenes Flakgeschütz, auf dem zwei Jungen herumturnten. Sie trugen die Braunhemden der Hitlerjugend, aber ohne Abzeichen und Rangkordeln, zogen an Hebeln, drehten an eisernen Kurbeln.

»Sofort runter da, ihr Bengels!«, keifte eine Frau. Ich entdeckte ihr Gesicht hinter scharfzackigen Fensterglasresten, zerfetzten Gardinen. »Det is doch jefährlich, Menschenskinda!«

Immer wieder versperrten uns Trümmer den Weg. Wir kletterten über Berge aus Schutt und Gerümpel. Dazwischen lagen Teile von Möbeln, zerbrochener Hausrat, in einem verbeulten Kinderwagen der abgerissene Kopf einer Puppe. Ein blaues Unschuldsauge blickte mich an, das andere war geschlossen.

Mitten auf der Kreuzung das ausgebrannte Wrack eines russischen Panzers. Daneben der Kadaver eines Panjepferdes, nur der Kopf noch intakt, das übrige Fleisch von Hungrigen heruntergeschnitten bis auf die Knochen. Bläulich hervorquellende Eingeweide.

An der Schönhauser Allee waren unzählige Bombenkrater, einer tiefer als der andere. Wir zogen Schlangenlinien. »Pass auf, dass du nicht abrutschst, Ruth!«

Am Grunde des Kraters lag eine Frau, der das halbe Gesicht fehlte. Ich sah blutige Haarsträhnen, darunter etwas Helles. »Bloß nicht hingucken! So was geht einem später nach.«

Die Frau blieb nicht die einzige Tote auf unserem Weg.

In Weißensee fanden wir den Eisenwarenladen geschlossen, die Fenster mit Brettern vernagelt. Auch an der Wohnungstür klopften wir vergeblich.

Im Türspalt gegenüber erschien der Kopf einer Nachbarin. »Die Frau Widdig is doch mit den Jungs nach Nieden evakuiert«, erklärte sie. »Wissense det nich?«

Mutti schüttelte den Kopf.

»Na, und der Mann steht im Felde.«

»Das weiß ich wohl.«

Die Frau runzelte die Stirn. »Vielleicht isser in Jefangenschaft.«

Mehr ließ sich nicht in Erfahrung bringen. Wir wanderten zurück nach Wittenau.

Aber am nächsten Tag zogen wir wieder los, diesmal zu Tante Hertha. Und am übernächsten Tag machten wir uns auf die Suche nach Tante Grete.

Wenigstens auf Muttis Seite hatten wir Glück. Ihren Schwestern ging es gut. Im Juni kam die Schwägerin aus Nieden zurück nach Weißensee und brachte meine drei Cousins und meine evangelische Großmutter mit. Bald darauf wurde Onkel Wilhelm, der den Krieg als Bäcker bei der Truppenversorgung überlebt hatte, aus der Gefangenschaft entlassen. Er machte sein Eisenwarengeschäft wieder auf. Das Leben normalisierte sich.

Von meinen jüdischen Verwandten war bisher niemand zurückgekommen.

Ich hatte immer noch gemischte Gefühle. Einerseits konnte ich nun – endlich, endlich! – ein Leben in Freiheit führen. Keine Zwangsarbeit mehr. Keine Angst vor Deportation. Kein Versteckspiel um Leben und Tod. Andererseits – und das tat weh! – war mein Heimatland vollkommen niedergestampft, zerbombt, zerstört. Die Deutschen – von denen auch ich eine war! – wirkten in ihrer gesamten Masse verunsichert, deprimiert und aller Werte beraubt. So weit hatten die Nazis es gebracht! Aber wen konnte man verurteilen? Wo waren die Grenzen? Nicht alle Deutschen waren Nazis gewesen, das hatte ich immer wieder am eigenen Leibe erfahren. Und trotzdem – wo waren die vielen, vielen überzeugten Nazis geblieben?

Als Verfolgte des NS-Regimes bekam ich nun die Lebensmittelkarte 1, die sonst für Schwerarbeiter ausgegeben wurde. Der Hunger hatte ein Ende. Das Wohnungsamt teilte Mutti und mir eine Dreizimmerwohnung zu, deren ursprüngliche Bewohner ausziehen mussten. Der Mann war ein hohes Tier in der NSDAP gewesen, die Frau in leitender Position bei der NS-Frauenschaft. Ihre Möbel blieben in der Wohnung. Ebenso ihre Teppiche und Gardinen. Und natürlich ihr Geruch. Schon wieder fühlte ich mich fremd. Ein Eindringling, der sein Nest verloren hatte. Es gab keinen Ort mehr auf der Welt, der mir ein Zuhause hätte sein können. Keinen Anker, keinen Halt, nirgends.

Die Schulbehörde teilte mit, dass ich mit sechzehn Jahren zu alt sei, um noch in eine der regulären Volksschulen aufgenommen zu werden. 1942 war ich nach der sechsten Klasse entlassen worden, hätte nun also in die siebte kommen müssen. Aber es gab im Sommer 1945 keine alternativen Möglichkeiten, wenigstens den Volksschulabschluss nachzuholen. Ich konnte nicht mehr zur Schule gehen. Rechnet man von meinen sechs Jahren Schulbesuch noch die Krankheitsphasen ab, die mich vom Unterricht ferngehalten haben, so bin ich in meinem Leben nur etwa viereinhalb Jahre zur Schule gegangen.

Mutti suchte fieberhaft nach einer anderen Zukunftsperspektive für mich. Eine Lehrstelle musste her. Aber welcher Arbeitgeber nahm einen Lehrling ohne Schulabschluss? Schließlich vermittelte uns meine Tante an eine gute Freundin, die eine Schneiderwerkstatt betrieb. »Na, wir werden's mal mit Ruth probieren«, sagte die. »Wenn's geht, dann geht's. Und wenn nicht ...« Aber es ging. Am 1. Juli 1945 begann ich meine Schneiderlehre und brachte sie in der vorgeschriebenen Zeit erfolgreich zu Ende.

Durch die einzige heile Schaufensterscheibe piekten Sonnenstrahlen auf die hölzerne Theke. Die erste Frühlingswärme nach einem langen, eiskalten Winter. Onkel Wilhelm bürstete mit dem Handfeger durch eines der leeren Schubfächer. Viel hatte der Eisenwarenladen nicht anzubieten in diesen kargen Zeiten. Bloß an Kundschaft mangelte es nicht. Draußen streifte jemand seine Schuhsohlen über den Ab-

Mutti und Leo in den 1960er Jahren

trittrost, drückte die Türklinke und trat herein. »Tag », sagte eine Stimme.

Onkel Wilhelm blickte auf. Ich blickte auf. Da stand ein junger Mann, gut gekleidet, mit rosigen Wangen, und lächelte.

»Willi?«, fragte Onkel Wilhelm. »Willi Jacks?«

»Wie er leibt und lebt«, sagte Willi.

»Wo warst du? Wo kommst du her?«

»Im Moment direkt aus'm Sanatorium, aus Bayern«, sagte Willi. »Davor aus Dachau.«

»So?«, fragte Onkel Wilhelm, runzelte die Stirn und klang jetzt besorgt. Inzwischen hatten die Alliierten für Aufklärung gesorgt. Wir kannten die Namen der Konzentrationslager und wussten, was dort geschehen war.

»Davor aus Auschwitz«, sagte Willi.

»Mein lieber Junge ...« Onkel Wilhelm trat hinter der Theke hervor. »Wie schön, dich zu sehen! Komm, lass dich umarmen!« Er drückte den Heimkehrer an sich und klopfte ihm ausgiebig den Rücken.

Später saß Willi am Küchentisch vor einem Teller Kartoffelsuppe. Links lag seine Mütze, die er offenbar nicht aus der Hand lassen konnte.

»Ich bin schon überall rumgelaufen«, erzählte er, »die ganze Stadt hab ich abgesucht, aber keinen von uns gefunden.« Seine Hand knetete den Mützenstoff. Er musste den Blick fast gewaltsam vom Tellerrand losreißen. Biss sich auf die Lippen. Dann, endlich: »Ist denn von unserer Familie ... Jacks, meine ich ... ist denn gar keiner mehr da?«

Eine Bodendiele knackte. Ein Löffel Suppe plätscherte auf den Teller zurück. Onkel Wilhelm hielt für eine Sekunde die Luft an. Dachte nach.

»Ich bin noch da«, sagte ich heiser.

Kein Geräusch füllte die Stille.

»Ruth«, nickte Willi.

Er erzählte mir, dass die Nazis die Lager in Auschwitz geräumt hatten, als die sowjetischen Truppen näher rückten. Dass sie jeden Insassen mobilisiert hatten, der noch halbwegs kräftig war. Ein Todesmarsch Richtung Bayern, den viele nicht mehr hatten bewältigen können. Nur ein Bruchteil von ihnen war in Dachau angekommen, wo die Amerikaner sie befreit hatten. Und wieder aufgepäppelt. Jetzt suchte Willi nach seinen Verwandten. Später wollte er nach Amerika. Er war ganz enthusiastisch und voller Tatendrang. »Komm doch mit, Ruth! Das ist ein tolles Land! Wir machen uns da ein tolles Leben!«

Ich schüttelte bloß den Kopf.

Er erzählte mir auch von Monowitz.

Er war dort in derselben Baracke einquartiert gewesen wie mein Vati. Zwar nicht im selben Raum, aber immerhin in der Nähe. In Monowitz gab es große Industrieanlagen, in denen die Juden als Zwangsarbeiter eingesetzt wurden. Vati hatte als Schlosser auf einem Gerüst gearbeitet. Eines Tages war er nicht zum Abendappell erschienen. Willi hatte die anderen

Arbeiter gefragt, wo er denn geblieben sei. Sie erzählten, was sie beobachtet hatten. Die Arbeit war bereits erledigt gewesen, da hatte ein SS-Mann den Schlosser Hermann Jacks vom Gerüst gestoßen. Er war tief gefallen und hatte beim Aufschlag das Bewusstsein verloren.

»Sie haben ihn dann gleich in einen von diesen ...« Willis Stimme klang hohl. Er musste sich räuspern. »... also ... diese Krankenwagen, das waren ja Gaswagen. Da haben sie ihn reingelegt. Und da ist er ja wahrscheinlich – ich hoffe! – nicht wieder zur Besinnung gekommen.«

Ich habe Willi damals nicht geglaubt. Ich konnte kein Vertrauen zu ihm fassen. Schon als Kind nicht. In meinen Augen war Willi einer, der sich gern etwas ausdachte. Einer, der Geschichten erfand, um sich damit wichtig zu machen.

»Aber doch nicht so was!«, sagte Mutti. »So was denkt sich doch keiner aus!«

»Das sollte man meinen, aber ... aber trotzdem!«

Ich konnte es mir nicht vorstellen. Und wollte es mir auch nicht vorstellen. Für mich war mein Vati nicht tot. Ich habe immer gedacht, er kommt zu uns zurück. Eines Tages. Wenn wir lange genug auf ihn gewartet haben. Wie oft habe ich in der Bahn den Rücken und Hinterkopf eines Mannes gesehen und dachte: Das ist er doch! Da steht Vati! Und weil es so voll war, bin ich mit ihm ausgestiegen und ihm nachgelaufen, um ihn von vorne zu sehen. Es waren immer fremde Männer. Trotzdem habe ich die Hoffnung nicht aufgegeben. Habe weiter gewartet.

Bei Mutti war das anders. Sie hatte von Anfang an keinen Zweifel an Willis Bericht. Seit er gesagt hatte, es sei nicht damit zu rechnen, dass Vati jemals zu uns zurückkommen würde, war das auch ihre Meinung. Obwohl wir gar nichts über seinen Verbleib hörten, weder Positives noch Negatives. Mutti fand sich in den folgenden Monaten mit der Nachricht ab. Ich glaube, es war ihre Art, überhaupt irgendwie damit fertig zu werden. Sie brauchte eine Art Abschluss. Ein Ende der Wartezeit. Einen Neuanfang. Und endlich wieder ein eigenes Leben. Ende 1946 ließ sie Vati für tot erklären. Bald darauf heiratete sie Leo Lindenberg. Ob bei dieser Verbindung Liebe im Spiel war, vermag ich nicht zu sagen. Hauptsächlich war es wohl Dankbarkeit. Eine Art Wiedergutmachung. Mutti und Leo waren zwei sehr verschiedene Menschen, aber sie sind bis zuletzt zusammengeblieben. Ob sie miteinander glücklich waren? Ich weiß es nicht.

Im Sommer 1968 reiste ich mit meinem Mann nach Israel, um meine beiden Cousinen zu besuchen, die dort im Kibbuz lebten. Mit unserem VW Käfer fuhren wir von Berlin nach Genua. Dort schifften wir uns mit dem Auto auf der *Moledet* ein, einem kleinen Fährschiff, das von Marseille kommend nach Neapel weiterfuhr, dann Kreta und Zypern anlief, überall Einwanderer aufnahm und sie zuletzt ins »Heimatland« brachte – denn das bedeutet das hebräische Wort *Moledet*.

Gleich am ersten Abend gingen wir nach dem Essen in die Schiffsbar und bestellten frischgepressten Orangensaft.

»Gerne«, sagte der Barkeeper in bestem Deutsch, nahm zwei Gläser und begann mit den Orangenhälften zu hantieren. Aber sein Blick ließ mich nicht los. Ich spürte ihn dunkel und forschend auf der Haut. Sah, wie der Mann den Kopf schief legte und die Stirn runzelte.

»Wir kennen uns doch?«, sagte er, als er mir das Glas hinstellte.

»Nein, bestimmt nicht.« Ich schüttelte den Kopf.

»Doch«, sagte er, »ich hab dich irgendwo schon mal gesehen.«

Er war mir auf Anhieb sympathisch. Ein gutaussehender, dunkelhaariger Israeli, vielleicht ein kleines bisschen älter als ich. Und trotzdem: »Wenn ich dich schon irgendwo gesehen hätte, würde ich mich mit Sicherheit daran erinnern«, sagte ich.

»Siehst du«, nickte er, »und ich erinnere mich. Aber ich weiß nicht, wo wir uns getroffen haben.« Er lächelte. »Aber ich werde darüber nachdenken.«

Am nächsten Abend gingen wir wieder in die Bar. Diesmal wirkte der Barkeeper sehr ernst, als er mir den Orangensaft hinstellte. »Es hat mir keine Ruhe gelassen«, begann er.

»Und?«, fragte ich. »Weißt du jetzt, wo wir uns begegnet sind?«

»Gar nicht«, sagte er. »Wir sind uns nie begegnet.«

Willi Jacks

»Na siehst du.« Ich lächelte. »Wie ich gesagt habe.«
Er erwiderte mein Lächeln nicht. Schaute mich bloß durchdringend an. »Ich kenne deine Ausstrahlung«, sagte er leise, »die Art, wie du dich bewegst, wie du sprichst, wie du lachst. Daher kenne ich dich.«
Ich starrte ihn an.
»Dein Vater hieß Hermann, nicht wahr?«
Mir wurde vor Schreck ganz heiß und kalt. Meine Hände, meine Lippen, alles zitterte auf einmal. Aber ich nickte. »Wie?«, flüsterte ich. »Woher kennst du meinen Vati?«
»Wir waren zusammen in Monowitz«, sagte er. »Ich hatte das Bett oben, er hat unten geschlafen.« Und weil er seine beiden Mädchen nicht bei sich haben konnte, hatte Vati sich des elternlosen Jungen angenommen. Hatte sich ein Vierteljahr lang um ihn gekümmert, ihn getröstet, ihm über das Schlimmste hinweggeholfen. Bis er dann eines Tages nicht mehr von der Arbeit zurückgekommen war.
An diesem Abend hörte ich noch einmal denselben Bericht, den Willi Jacks bereits vor vielen Jahren abgeliefert hatte. Aber diesmal glaubte ich ihn. Diesmal spürte ich, dass es wirklich so gewesen war.
»Ich hatte ihn lieb, deinen Vati«, sagte der Barkeeper. »Ich hatte damals keinen Vater mehr. Aber dein Vati war für mich wie ein Vater. Und ich bin ihm dafür sehr, sehr dankbar.«

Zwei Tage später standen wir an Deck und sahen zum ersten Mal den schmalen Landstreifen am Horizont. »Das ist Israel«, sagte einer der Mitreisenden, ein Atomwissenschaftler, mit dem wir den Tisch im Bordrestaurant geteilt hatten. *Moledet*.

Und ich fing an zu weinen.

Mein Mann wusste sich kaum zu helfen. Die Tränen liefen mir übers Gesicht. Ich weinte und weinte. Doch der freundliche Wissenschaftler legte mir den Arm um die Schultern und drückte mich. »Lass sie ruhig fließen, Ruthchen«, sagte er väterlich. »Ich kenne keinen Juden, dem nicht die Tränen gekommen sind, als er Israel zum ersten Mal gesehen hat. Das gehört dazu.«

»Wirklich?«, schluchzte ich.

Er schmunzelte. »Das haben wir alle hinter uns.«

Ich war siebenmal in Israel, und es war jedes Mal dasselbe. Warum? Weil Israel der Ort ist, zu dem wir Juden uns hinsehnen. Israel ist der Kern. Das Zentrum. Trotz politischer Krisen und Wirren. Israel ist *Moledet*.

Aber mein Heimatland ist Deutschland. Trotz allem.

Lange konnte ich über das, was uns während des Nationalsozialismus zugestoßen ist, überhaupt nicht sprechen. Sobald ich nur an diese Zeit dachte, fingen meine Hände an zu zittern, der ganze Körper vibrierte, und mir wurde entsetzlich elend. Ich war nicht mehr ansprechbar. Wenn andere das Thema aufbrachten, ergriff ich die Flucht.

1977 sollte mein zwölfjähriger Sohn in der Schule ein Referat halten. Da wurde mir klar, dass er gar nichts wusste von alledem und dass das nicht sein durfte. Also habe ich es ihm erzählt. Aber es fiel mir sehr schwer.

Als meine Enkeltochter, die jetzt einundzwanzig ist, in der fünften Klasse war, bin ich zu ihr in die Schule gegangen und habe mit den Kindern geredet. Sie haben mich gefragt. Ich habe so ehrlich wie möglich geantwortet. Es war ein seltsames, immer noch sehr unangenehmes Gefühl.

2002 waren wir in Danzig. Wir saßen am Hafen auf der Terrasse eines Cafés. Die Frau am Nachbartisch sah den kleinen goldenen Davidstern an meinem Hals. Sie schaute immer wieder, sichtlich unschlüssig. »Sagen Sie mal«, begann sie schließlich, »haben Sie zu dem Magen David eine nähere Beziehung?«

»Ja«, nickte ich, »eine ganz enge Beziehung sogar.«

Sie nickte. Blickte auf ihre Hände. Und schwieg.

Wir schwiegen auch. Saßen da und schauten aufs Wasser.

»Sagen Sie mal«, begann sie nach einer Weile erneut, »wo haben Sie denn überlebt?«

»Na, in Berlin«, sagte ich.

Wieder hörten wir das Wasser plätschern und die Möwen schreien. Die Frau schien zu überlegen. »Und könnten Sie darüber reden?«, fragte sie schließlich. »Vor meiner Schulklasse?«

»Ja«, sagte ich. »Gerne.«

Da wusste ich auf einmal, dass ich erzählen konnte. Und es auch wollte. Weil die Erinnerungen wichtig sind für unsere Zukunft. Und weil das, was die Nazis meiner Familie und so vielen anderen Juden angetan haben, sich nicht wiederholen darf.

Ruth Winkelmann, geboren 1928, begann im Herbst 1945 eine Lehre als Maßschneiderin. Sie arbeitete bis 1988 in diesem Beruf. 1949 hat sie geheiratet. 1965 brachte sie einen Sohn zur Welt. Heute ist sie die glückliche Großmutter von drei Enkelkindern. Sie hat wieder eine große Familie, die ihr Unterstützung und Geborgenheit gibt. Nicht zuletzt deshalb fand sie nach 45 Jahren die Kraft, als Zeitzeugin über ihre Erlebnisse während der NS-Zeit zu berichten.

Claudia Johanna Bauer, geboren 1965, veröffentlichte bereits mit 17 ihren ersten Roman. Seit 2000 lebt sie in Berlin, wo sie als Dozentin für literarisches Schreiben tätig ist. Als freie Autorin befasst sie sich schwerpunktmäßig mit der Verarbeitung geschichtlicher Themen im Bereich der »Oral History«.